morfossintaxe
do português

Lexikon | *obras de referência*

FERNANDO VIEIRA PEIXOTO FILHO

morfossintaxe
do português

2ª edição revista e ampliada

LEXIKON EDITORA DIGITAL LTDA.
Av. Rio Branco, 123 sala 1710 – Centro
20040-005 Rio de Janeiro – RJ – Brasil
Tel.: (21) 3190 0472 – 2560-2601
www.lexikon.com.br – sac@lexikon.com.br

Veja também www.aulete.com.br – seu dicionário na internet

1ª edição – 2017

Produção Editorial
Sonia Hey

Projeto Gráfico e Capa
Filigrana

Imagem da Capa
© *chenspec por Pixabay*

CIP-BRASIL. CATALOGAÇÃO NA PUBLICAÇÃOS
INDICATO NACIONAL DOS EDITORES DE LIVROS, RJ

P43m
2. ed.

Peixoto Filho, Fernando Vieira
Morfossintaxe do português / Fernando Vieira Peixoto Filho. - 2. ed., rev. e ampl. - Rio de Janeiro: Lexikon, 2021.
256 p. ; 21 cm.

Inclui bibliografia
ISBN 978-65-88871-10-2

1. Língua portuguesa - Morfologia. 2. Língua portuguesa - Sintaxe. 3. Língua portuguesa - Gramática. I. Título.
21-72569 CDD: 469.5
CDU: 811.134.3'36

AGRADECIMENTOS

À Prof[a]. Dr[a]. *Maria Aparecida Lino Pauliukonis,* que acreditou no livro e me incentivou a publicá-lo;

à Prof[a]. Dr[a]. *Katia Emmerick Andrade,* que leu cuidadosamente os originais, oferecendo valiosas críticas e sugestões.

À minha mulher –
Crystyane Bispo Vieira Peixoto;

aos meus filhos –
Maria Carolina,
Fernando,
Ana Maria
e *Tábata;*

aos meus pais –
Fernando Vieira Peixoto
e *Maria José Vieira Peixoto.*

Em memória do Prof. Galba Saturnino
Muzetti da Silveira – pai anímico,
mestre exemplar da Língua Portuguesa.

Se eu disser, Apolônio, alguma coisa de má composição, fazei-me tanta mercê que me aviseis, e retratar-me-ei logo, que tenho por grande louvor dos bons engenhos conhecerem suas faltas.

(Frei Amador Arrais, *apud* SILVA NETO, 1979: 636)

APRESENTAÇÃO

Katia Emmerick Andrade (UFRRJ)

Todos sabemos que um professor comprometido de corpo e alma com a docência é um pesquisador em potencial, visto não abrir mão da constante busca por respostas coerentes para as questões complexas que permeiam a sua disciplina. E o professor-pesquisador Fernando Vieira Peixoto Filho não foge à regra, já que, motivado por suas inquietações teóricas, contempla-nos com este livro, no qual revisita variadas categorias linguísticas, amplamente utilizadas, sobre as quais muitas vezes emergem resultados analíticos inovadores. O professor-autor, de uma perspectiva teórica consistente, contrapõe diferentes abordagens defendidas por gramáticos consagrados e, de modo equilibrado, analisa, com esmero, um vasto exemplário.

A segunda edição desta *Morfossintaxe do Português* vem ocupar, portanto, uma lacuna que se observa na literatura especializada em descrição gramatical. Isso porque este novo livro oferece ao leitor, mesmo os não familiarizados com detalhes terminológicos, uma descrição linguística aprofundada, que engloba tanto os itens gramaticais selecionados pelo usuário para expressar suas ideias quanto as regras que governam a combinação desses itens na formação de enunciados bem estruturados morfossintaticamente, sem perder de vista, obviamente, o caráter deôntico da linguagem.

Nesse sentido, o professor Fernando Peixoto Filho parte da premissa de que os vocábulos, considerados isoladamente, representam virtualidades metalinguísticas, potenciais morfossintáticos que se atualizam e se efetivam no discurso. Ao longo do livro, o autor demonstra a indiscutível correlação entre os vários estratos gramaticais, decorrente da permeabilidade que se constata entre as categorias morfossintáticas, admitindo-se expansão semântica e reinterpretação com novas taxonomias. Boa parte da complexidade subjacente à análise morfossintática se deve ao fato de que, no discurso, um vocábulo estará sempre suscetível a diferentes classificações, a depender do papel desempenhado por ele em relação a outros no interior da cadeia sintagmática.

A obra se divide em três partes: Gramática, Morfossintaxe e Sintaxe. A primeira delas apresenta acepções largamente difundidas na literatura para o termo '*gramática*' e, ainda, traz à baila uma saudável discussão acerca do papel da gramática normativa nas aulas de Língua Portuguesa. A segunda elenca e conceitua as classes gramaticais, comparando os diversos critérios de taxonomia, oferecendo categorizações examinadas com vagar, e, sob a égide dos comentários de renomados gramáticos, o autor discute a aplicabilidade das conceituações citadas. A terceira parte é dedicada à investigação cuidadosa da sintaxe, em suas duas vertentes: a analítica e a relacional. Embora o autor focalize as relações que se firmam no âmbito microssintático, há referências à visão macrossintática, também denominada *coesão textual*. Nesse capítulo dedicado à sintaxe estrita, fica claro que o autor diverge da terminologia adotada pela tradição gramatical, oferecendo, para dar conta das eventuais incongruências terminológicas, uma nova roupagem aos constituintes.

Por tudo isso, convido a todos, estudantes de Letras, professores de ensino universitário, médio e fundamental, ou qualquer outra pessoa que se interesse pelos temas aqui abordados, a percorrer a trilha engendrada pelo autor, pois, certamente, vão encontrar nas páginas seguintes explicações bastante elucidativas sobre o funcionamento morfossintático da língua portuguesa em sua modalidade escrita. Boa leitura!

SUMÁRIO

PARTE 3

PARTE 1

GRAMÁTICA

1. INTRODUÇÃO

A palavra *gramática* provém do grego (*grammatiké*) e significava, originariamente, *arte de falar e escrever*. Decorre daí o sentido tradicional do termo: conjunto de prescrições linguísticas, de acordo com as convenções do que seria escrever bem, tomando-se por base o uso dos "grandes" escritores. Tal sentido se insere na chamada *gramática tradicional*[1], também chamada *normativa*, *escolar* ou *prescritiva*.

Outro sentido bastante comum para o termo diz respeito ao compêndio ou manual pedagógico, que pode ou não ter algum caráter prescritivo. Assim, um livro em que se exponham regras formais ou convencionais de usos linguísticos também se pode chamar *gramática* (*comprei uma excelente gramática, aquela gramática contém erros conceituais* etc.).

O manual que apresenta o desenvolvimento cronológico de uma língua, das hipotéticas origens aos nossos dias, chama-se *gramática histórica* ou *diacrônica*. No caso do português, a história remonta às estruturas lexicais e morfossintáticas do latim vulgar (cf. Williams, 1994: 25-33), passando pela inserção de componentes galegos, árabes e, no caso do português brasileiro, dialetos indígenas e africanos.

Por outro lado, é possível escrever um compêndio científico que faça um recorte no tempo e no espaço, isto é, que descreva a estrutura gramatical de uma língua em determinado lugar, em determinada época, sem atentar para questões de correção. É o que se tem chamado *gramática sincrônica* ou *descritiva*: um trabalho de pesquisa sobre dado uso linguístico, particularizando determinada variedade ou grupo de falantes. Na perspectiva de Camara Jr. (1989: 42):

> A linguística descritiva, ou sincrônica, trata de deduzir o estado linguístico cientificamente, isto é, por um método objetivo à maneira de qualquer outra ciência descritiva; cria-se assim um novo conceito de GRAMÁTICA, que está para as formas linguísticas como a geometria para as formas espaciais.

---

1 O sintagma '*gramática tradicional*' é entendido aqui como *modo tradicional de dar aulas de gramática*. Não se faz alusão a este ou àquele compêndio gramatical.

É necessário ressaltar, no entanto, que mesmo os manuais normativos dedicam grande espaço à descrição; ou seja, as gramáticas *normativas* são também *descritivas*, na medida em que *descrevem* uma variedade a partir da qual as regras e convencionalismos são propostos. Um capítulo gramatical que distribua os vocábulos em *classes*, segundo determinados critérios, é todo ele *descritivo*; capítulos que expõem regras de concordância e regência a partir do uso dos escritores consagrados são de cunho normativo.

Os estudos descritivos têm relação direta com o desenvolvimento da linguística científica, que se pretende desvinculada da feição deôntica da linguagem. Com efeito, a partir da publicação do *Curso de Linguística Geral*, de Ferdinand de Saussure (1916 [1995]), e, principalmente, com o aparecimento do gerativismo chomskyano, o problema da boa linguagem deixa de ser o foco, dando lugar a uma abordagem mais científica sobre formação, desenvolvimento e estabelecimento de uma língua.

No célebre trabalho de 1965 (*Aspectos da Teoria da Sintaxe* [1978]), Noam Chomsky se afasta da abordagem vinculada apenas ao treinamento linguístico, calcada na dicotomia *estímulo-resposta*. Chomsky procura mostrar que as *estruturas profundas* (marcas internas e finitas das línguas) estariam disponíveis para que os usuários construam uma infinidade de frases, realizando o que se tem chamado *estrutura de superfície*. Cria-se, então, um conjunto terminológico ligado à tese de que as línguas seriam oriundas de uma gramática inerente ao homem, cabendo aos falantes a realização cotidiana da linguagem[2]. Vale lembrar, aliás, que alguns binômios chomskyanos apontam para as dicotomias de Saussure. Por exemplo, *competência-desempenho*, de Chomsky, parece estar diretamente relacionado à dicotomia *língua-fala*, de Saussure, o que faz com que alguns analistas enxerguem a teoria gerativa como uma espécie de continuação do estruturalismo linguístico.

Em síntese, o vocábulo *gramática*, na acepção da maior parte dos linguistas atuais, alude ao conjunto de marcas léxicas e morfossintáticas que fazem de uma língua o que ela é efetivamente. Uma língua como o inglês, por exemplo, distingue-se do português sobretudo por sua sintaxe: posposição do nome,

---

2 Para informações mais aprofundadas sobre a gramática gerativo-transformacional e seus desdobramentos mentalistas, cf. Othero & Kenedy (2015: 11-26) e Chomsky (2009 e 2015).

anteposição do qualificador, presença obrigatória do pronome-sujeito, características que não existem necessariamente na língua portuguesa. Tem razão, então, Mário Marroquim (1996: 122) quando afirma que a sintaxe é "a estrutura viva da língua", "a alma e o caráter do idioma".

2. DOMÍNIO DEÔNTICO DA LINGUAGEM

A velha polêmica estabelecida em torno do ensino da norma padrão nas escolas talvez decorra, em grande parte, da falta de consciência do que seja uma sociedade e de que aspectos a gerenciam. Em última análise, pode-se afirmar que uma sociedade é gerida por um conjunto de convenções e leis. Há padrões comportamentais que interferem diretamente na maneira com que vivemos: como sentar-se à mesa para comer em local público, como se vestir em dada ocasião, em que faixa da estrada o carro deve ficar de acordo com a velocidade. Parece que viver consiste justamente no respeito a esses padrões, na atenção às regras que viabilizam o cotidiano humano.

A língua, por seu turno, também possui este *caráter deôntico,* ou seja, o espaço das obrigações e deveres nas interações linguageiras. Logicamente, ninguém fala do mesmo jeito à mesa de um bar com os amigos ou numa conferência científica; ninguém escreve da mesma forma uma mensagem para o namorado e uma monografia acadêmica. Há necessidade de adaptar a linguagem à situação de discurso: de que falamos, para quem falamos, com que finalidade falamos. Em consonância com esta *pragmática do discurso* é que se procede à seleção lexical, decide-se sobre o nível de sofisticação sintática, estabelecem-se tipo e peso dos argumentos a compor o texto.

Em relação ao verdadeiro papel da gramática normativa nas aulas de Português, as prescrições parecem residir mesmo nesta espécie de *deontologia linguística*: a necessidade de haver um ponto de convergência em meio às diversidades regionais e de indicar normas de escrituração do texto, tendo em vista a feição mais ampla e perene da escrita.

Quem lê um jornal de Recife ou Salvador, por exemplo, percebe uma identidade quase absoluta com os jornais do Rio e de

São Paulo. Ou seja, é difícil negar que o português formal escrito agasalha bem menos variações do que a fala cotidiana. Torna-se importante o ensino da norma padrão porque a base técnico-jornalística da língua escrita culta obedece a um paradigma léxico (dependendo do assunto, matéria ou coluna, os termos são recorrentes) e morfossintático (concordância, regência, colocação, marcadores coesivos etc.).

Negar a serventia de ensinar a variedade padrão da língua é talvez negar a própria identidade do homem, que em sua história sempre formulou regras de comportamento ou conduta, em quaisquer campos de atuação, incluída aí a linguagem. Além disso,

> o professor não é como o linguista, que pode observar os fatos de fora; ele está dentro do processo e, mesmo que quisesse, não conseguiria omitir-se: participaria por omissão. (Oliveira, 1974: 11)

A inexistência de regras, no contexto geral da espécie humana, seria o caos, podendo-se até qualificar leviana a atitude de defender a eliminação do ensino de gramática prescritiva. Se os alunos demonstram sérios problemas na hora de ler e escrever, se não conseguem articular coesa e coerentemente um texto, a culpa por isso não deve recair sobre a aula de gramática. Não se pode delegar à escola um aglomerado de funções e tarefas, como se os educadores fossem seres mágicos, dotados de poderes milagrosos.

Entre 2010 e 2012, uma equipe do *Grupo Multidisciplinar de Investigações Linguísticas* (GMIL-UFRRJ-CNPq) implementou a pesquisa *Ensino de Gramática na Baixada Fluminense*[3]. Especificamente sobre o tópico aqui abordado, vale reiterar:

> Grande parte dos problemas que aparecem na escola nasce fora dos muros escolares, principalmente na falta de estrutura familiar. Nesse sentido, talvez o ensino de gramática esteja servindo como uma espécie de "bode expiatório" para justificar um fracasso que não reside nas descrições ou prescrições gramaticais. Com efeito, se faltam ao estudante as condições elementares nos planos afetivo e familiar, não se deve esperar que ele mostre

---

3 Com fomento da *Fundação Carlos Chagas Filho de Amparo à Pesquisa do Estado do Rio de Janeiro* – FAPERJ.

> serviço no plano intelectual. Um trabalho com gramática estrita representa um exercício de abstração metalinguística, algo que exige esforço e predisposição – fruto de uma mente preparada para esse tipo de tarefa. Os resultados assinalam que, para a maior parte dos professores, a falta de estrutura e apoio familiar representa o principal empecilho ao aprendizado de conteúdos gramaticais. (Peixoto Filho, 2012: 80)

Ainda sobre a questão do domínio deôntico da linguagem, parece de bom grado encerrar este tópico com as palavras de Celso Cunha, em contraponto à escola sociolinguística, no clássico *A Questão da Norma Culta Brasileira* (1985: 47):

> (...) a verdade, sabemo-la todos. Apesar das razões alegadas por Labov e os sociolinguistas da sua Escola, pelo menos nas sociedades ocidentais, aqueles que não dominam razoavelmente tal dialeto – melhor dizendo: a língua culta – sofrem restrições na progressão social.
>
> Daí ser de toda a conveniência que se propiciem condições ao educando para que ele se assenhoreie progressivamente do dialeto prestigioso sem que seja violentado com a desorganização ou a destruição do seu vernáculo, do qual continuará a servir-se nas situações mais íntimas.

3. GRAMÁTICA TRADICIONAL: PROBLEMAS

Pelo que se expõe acima, talvez a mudança de paradigma no ensino da norma padrão modifique muito pouco o quadro de dificuldades apresentado pelos alunos no que tange à produção escrita ou à capacidade de leitura. Linguagem é convívio; é preciso conviver com a linguagem, com o texto escrito, com as variedades mais formais do idioma, a fim de que se ganhe alguma desenvoltura ao se produzir, por exemplo, um texto opinativo mínimo, de 25 a 30 linhas.

Não se deve pensar, entretanto, que a intenção aqui seja isentar a gramática tradicional de seus equívocos. Como bem coloca Silva Neto (1957 [1994]), "a falta de um critério seguro, de um método científico" acaba alicerçando o tom fortemente pejorativo em relação às gramáticas de cunho mais normativo.

É preciso admitir certa confusão de critérios nas descrições tradicionais que se fazem sobre gramática do português. As definições, principalmente na parte de sintaxe, tomam por base processos teóricos díspares. Não se sabe, por exemplo, que nível de análise está por trás da tradicional divisão dos "termos" em *essenciais*, *integrantes* e *acessórios*. Da mesma forma, cabe questionar por que a classificação dos pronomes em *adjetivos* ou *substantivos* aparece no capítulo dedicado à morfologia, por que as orientações ortográficas aparecem às vezes no capítulo da fonologia. Enfim, os questionamentos são vários, o que abre espaço para críticas também várias, por vezes exageradas, injustas e despropositadas.

Há, portanto, muito a repensar em termos de gramática tradicional: muito a reformular e adaptar, de acordo com a realidade do português culto atualmente em voga no Brasil. É urgente que se resolvam os problemas conceituais que em muitos momentos dão feição caricata à terminologia tradicional; uma terminologia que tem seu espaço, sua importância, desde que formulada em moldes mais aceitáveis. Mesmo porque as propostas substitutivas ora apresentam um discurso inacessível aos não iniciados em linguística, ora oferecem um corpo teórico ainda mais falho que o tradicional. Ou seja, o Brasil ainda carece de trabalhos que aperfeiçoem a gramática tradicional, de modo a torná-la mais viável ao cotidiano nas classes de ensino básico ou faculdades de Letras.

4. ALGUNS TÓPICOS PARA REFORMULAÇÃO

4.1. Morfologia

Estudos de toda ordem, dissertações e teses já comprovaram que a tradicional divisão das palavras em dez classes não é adequada à função dos sintagmas e vocábulos na realidade gramatical das sentenças portuguesas. Aliás, falar em *função* nas sentenças é falar em sintaxe, motivo por que se deveria rever inclusive o capítulo em que se estudam as classes gramaticais.

Morfologia mesmo, *stricto sensu*, é o estudo dos elementos mórficos e dos processos de formação de vocábulos.

Quanto às flexões dos nomes em gênero e número, ou dos verbos em tempo[4], número e pessoa, pode-se afirmar que são estudos concernentes à *morfossintaxe* (ou mesmo à sintaxe estrita), e não à morfologia. É o ambiente sintático que determina se um adjetivo deve estar ou não no feminino, no plural (concordância nominal), se um verbo deve estar na primeira, segunda ou terceira pessoa do singular ou plural (concordância verbal).

Some-se a essas questões a ausência quase absoluta de critério para classificação dos vocábulos. Por exemplo, o substantivo é em geral definido semanticamente (*palavra que nomeia entidades concretas ou abstratas*); a classificação do verbo é ora semântica (*palavra que indica ação, estado ou fenômeno da natureza*), ora morfossintática (*palavra que agasalha as flexões de número, pessoa, modo e tempo*), ou até mesmo sintática (*palavra que concorda com o sujeito*). Classes como adjetivo e advérbio, por sua vez, são definidas quase exclusivamente pelo prisma sintático, tendo em vista sua função adjunta, modificadora.

4.2. Sintaxe

Esta talvez seja a seção da gramática tradicional que mais contém incoerências conceituais. Além da hierarquia já citada dos *"termos"* (*essenciais, integrantes e acessórios*), que não funciona e evidentemente precisa ser revista, é preciso repensar, por exemplo: *a)* definição do sujeito sintático e função de seu estudo; *b)* distinção entre sintaxe analítica e sintaxe relacional, verificando o processo a ser privilegiado nas classes de ensino básico; *c)* sintaxe do período composto, observando a tricotomia *coordenação-subordinação-correlação* e a taxonomia de orações; *d)* regras de uso de pronomes-sujeito e pronomes-complemento; *e)* a questão da colocação dos clíticos.

Como se sabe, a análise sintática dos períodos simples e compostos ocupa boa parte das aulas tradicionais de gramática, levando muitos professores a um trabalho metalinguístico

---

4 A noção temporal nas formas verbais representa muito mais um tipo de variação semântico-aspectual do que uma *flexão*. Planeja-se tratar do assunto com maior cuidado no desenvolvimento deste trabalho.

desordenado, o que gera desinteresse na maioria dos alunos. Nesse sentido em particular, cabe a crítica de Bagno (2002: 119):

> Os métodos tradicionais de ensino da língua no Brasil visam, por incrível que pareça, a formação de *professores de português*! O ensino da gramática normativa mais estrita, a obsessão terminológica, a paranoia classificatória, o apego à nomenclatura – nada disso serve para formar um bom usuário da língua em sua modalidade culta.

Não obstante a validade das palavras acima, descrever a estrutura gramatical da língua, em termos mais lógicos e coerentes, parece válido sim, desde que o aluno já possua o convívio – elementar, imprescindível – com o texto escrito, a boa literatura, o que, por razões variadas, está cada vez mais distante do jovem brasileiro hodierno.

5. GRAMÁTICA: DELIMITAÇÃO DO OBJETO DE ESTUDO

O leitor poderá talvez estranhar a ausência de capítulos como *fonologia* e *semântica* no tópico anterior, até porque a maioria dos manuais de gramática traz seções regulares para estudos dessas áreas. Essa exclusão, contudo, não é gratuita. Na perspectiva de Martinet (1964), as investigações fonológicas pertencem ao *plano da expressão* ou *segunda articulação da linguagem*, o que não corresponde a estudos gramaticais estritos. Já em alusão à semântica, os estudos do significado experimentaram nos últimos cinquenta anos grandes saltos e, grosso modo, as correntes são unânimes em reconhecer o caráter fragmentário de uma descrição embasada apenas em fatores linguísticos. Ou seja, o significado — assim postulam áreas como a semântica cognitiva e a linguística da enunciação — não se sustenta sem o auxílio dos componentes biossociais. Não à toa Chomsky argumenta que "qualquer procura por uma definição de 'gramaticalidade' baseada em noções semânticas será fútil" (2015: 20). Uma análise semântica, por consequência, ordinariamente recorre a campos que transcendem a linguística (antropologia, psicologia, sociologia etc.).

Parece válido afirmar, mesmo não sendo algo muito simpático para os filósofos da linguagem, que os estudos semânticos são pouco afeitos a qualquer tipo de normatização ou descrição formal, motivo por que um capítulo sobre semântica numa gramática descritiva ou descritivo-normativa se torna no mínimo esdrúxulo.

No que concerne à delimitação do vocábulo *gramática* e seu objeto de estudo, vale conferir estas palavras de Carone (1995: 09-10):

> O conceito do que seja *gramática* de uma língua depende do critério tomado como parâmetro. Se considerarmos que a ocorrência de articulação entre as partes é bastante para definir o que é gramatical, a fonologia estará incluída na gramática, ao lado da morfologia e da sintaxe. Se o critério for mais seletivo, exigindo, além da capacidade para articular-se, que as unidades sejam dotadas de significado, a gramática abrange apenas a morfologia e a sintaxe.
>
> É esse o critério em que nos baseamos. Definem-se, em consequência, os limites do caminho que será percorrido neste estudo: em um extremo, o *morfema* (menor unidade significativa); no outro, o *período* (simples ou composto).

Considere-se também uma das definições propostas para o termo em Dubois *et alii* (2001: 313):

> *Gramática* é a descrição dos morfemas gramaticais e lexicais, o estudo de suas formas (flexão) e de suas combinações para formar palavras (formação de palavras) ou frases (sintaxe). Nesse caso, a gramática opõe-se à fonologia (estudo dos fonemas e de suas regras de combinação); confunde-se com o que se chama também uma morfo-sintaxe (sic).

Para efeito de análise, portanto, a palavra *gramática* será aqui entendida como *a estrutura morfossintática de uma língua.*

PARTE 2

MORFOSSINTAXE

1. INTRODUÇÃO

Na perspectiva tradicional, *morfologia* é o estudo dos vocábulos tomando-os isoladamente: sua classe e flexões, sua estrutura e formação. A *sintaxe*, por seu turno, representa o exame da organização e função de sintagmas, orações, períodos e parágrafos na construção do texto. O termo *morfossintaxe* está associado ao estudo das classes gramaticais considerando a organização sintática no período.

Como já exposto, o estudo morfológico *stricto sensu* abrange os elementos mórficos (morfemas) e sua estruturação na formação dos vocábulos. O objeto mínimo de estudo da morfologia (sem entrar em pormenores terminológicos) é o morfema: unidade formadora (lexemas, afixos, morfemas de gênero e número). Na correlação entre esses morfemas é que se estuda o vocábulo, considerado isoladamente. Quando se estudam as classes gramaticais e suas flexões, examinam-se alterações morfológicas a partir das relações sintáticas, visto que a flexão de um item lexical não é um fenômeno independente, isolado. Por exemplo, o verbo se flexiona a partir do número e da pessoa do pronome-sujeito, presente ou não na oração; a flexão do adjetivo ou do artigo depende das marcas de gênero e número do substantivo por eles modificado. Enfim, nas relações de concordância (relações flexionais, portanto), o que entra em cena é a relação sintática, da qual as alterações morfológicas resultam.

Ao que parece, para amenizar ao menos em parte essas discrepâncias, criou-se a designação *morfossintaxe,* com a qual se tenta dar conta das funções exercidas pelas classes gramaticais no interior dos sintagmas, verificando-se consequentemente as flexões dessas classes[5].

2. CLASSES GRAMATICAIS

Tradicionalmente, os vocábulos da língua portuguesa se dividem em 10 classes, sendo 6 flexionáveis (que admitem flexão de

5 Não se trata de um termo novo. O vocábulo *morfossintaxe* já aparece na *Gramática da Língua Portuguesa*, de Celso Cunha, cuja primeira edição é de 1972 (cf. Cunha, 1994: 196). Esse compêndio aparece hoje em versão atualizada, com a participação do professor português L. F. Lindley Cintra, já na 7ª. edição (Cunha & Cintra, 2016).

pessoa, gênero e número) e 4 inflexionáveis (que não admitem essas flexões). Não obstante essa perspectiva, a *interjeição*, muito mais um valor semântico do que uma categoria gramatical, pode ser excluída com certa tranquilidade do rol das classes de palavras, que na verdade seriam 9, caindo para 3 as inflexionáveis. Confira-se o quadro abaixo.

CLASSES GRAMATICAIS

Flexionáveis	Inflexionáveis
substantivo	advérbio
verbo	preposição
adjetivo	conjunção
pronome	
artigo	
numeral	

Os chamados *nomes* (designadores e qualificadores) fazem ordinariamente as flexões nominais de número e gênero. Substantivos, adjetivos, pronomes, artigos e numerais representam essa categoria passível de flexão. O *verbo* não admite a flexão de gênero, mas acolhe a de pessoa. Fala-se também, muito regularmente, das "flexões" verbais de tempo e modo — e as aspas sinalizam alguma dúvida acerca do verdadeiro aspecto morfossintático, flexional, no fato de uma forma verbal apresentar-se, por exemplo, no presente do subjuntivo. O *advérbio* — modalizador verbal e frásico — também é inflexionável quanto a gênero e número, variando os intensificadores quanto ao grau (que não é flexão). *Preposições* e *conjunções* representam a classe estrita e inflexionável dos conectores, embora outras classes também possam exercer função conectiva.

Quanto às *interjeições*, como já foi dito, não se pode afirmar que representem uma classe particular de vocábulos, já que não possuem características morfossintáticas próprias. Segundo Carone (1995: 47),

> As interjeições (...) não são um tipo de vocábulo, embora a gramática oficial se aferre à tradição e as considere uma décima classe de palavras. Não são vocábulos porque, não se constituindo de morfemas, desconhecem a articulação mórfica (primeira articulação); apresentam apenas a articulação fonológica (segunda articulação) e, por vezes, até configurações fonemáticas insólitas na língua.

Cumpre observar que é difícil depreender a referência do sintagma "*gramática oficial*", utilizado pela autora. Nomenclatura Gramatical Brasileira? Algum manual específico de gramática? Além disso, se é aos gramáticos tradicionalistas que a autora se refere, não é necessariamente verdadeiro que a "gramática oficial se aferre à tradição" e considere as interjeições "uma décima classe de palavras". Cunha (1994), ao escrever talvez a mais "oficial" das gramáticas publicadas no século XX, admite que a interjeição, "como vocábulo-frase, fica excluída de qualquer das classificações" (p. 90).

De qualquer modo, confirma-se que a interjeição não representa uma "classe" específica de vocábulos, mesmo porque outras classes podem assumir valor interjetivo (sentimento afetado).

Exemplos:

(1) ***Puxa!*** Que dia quente! (verbo)

(2) ***Nossa Senhora!*** Nunca vi um jogo assim! (sintagma nominal bimembre)

(3) ***Jesus!*** O que é isso?! (substantivo ou sintagma nominal unimembre)

As chamadas *interjeições estritas* são aquelas de feição onomatopaica, ou seja, vocábulos criados para representar certos sons ou ruídos que se imaginam ou se deseja expressar: *ai! epa! oba! ui!*

Por vezes, até orações perdem seu valor predicador e assumem característica interjetiva, transformando-se em construções cristalizadas na língua:

(4) Passar no concurso? ***Quem dera!***

(5) Enfrentar uma situação dessas?! ***Deus me livre!***

3. NOME E SEUS ADJUNTOS

Para Camara Jr. (1996), os nomes podem dividir-se em designadores (substantivos) e qualificadores (adjetivos). Considerando, todavia, o sintagma nominal canônico em português[6], somente o designador pode exercer função de núcleo. Dito de outra forma, apenas o substantivo ou classes substantivadas exercem função nuclear dentro do sintagma nominal, cabendo a determinantes e qualificadores função adjunta. Vejam-se os quadros.

Determinante	**Nome**
o	homem
esta	casa
nossas	existências

Determinante	**Nome**	**Qualificador**
o	homem	*honrado*
esta	casa	*vazia*
nossas	existências	*felizes*

Poder-se-ia dizer, portanto, que na estrutura clássica do sintagma nominal o nome substantivo é o termo nuclear em torno do qual giram os termos-satélite — os adjuntos.

Em geral, funcionam como adjuntos do nome (adjuntos nominais) *adjetivos, pronomes adjetivos, artigos* e *numerais*, como se ilustra no quadro a seguir.

6 determinante + designador + qualificador

Adjuntos nominais	**Nome nuclear**	**Adjunto nominal**[7]
artigo		
pronome	substantivo	*adjetivo*
numeral		

Na sintaxe regular de um SN, em geral o adjetivo admite variação de posição (anteposição/posposição). O pronome anafórico também admite posposição, ao passo que artigos e numerais aparecem ordinariamente antepostos (com exceção do numeral ordinal, que acolhe variação sintática). Sob a opção de antepor ou pospor o adjetivo, todavia, sempre há certos pragmatismos semânticos, isto é, o adjetivo anteposto não exprime exatamente o mesmo conteúdo semântico expresso pelo adjetivo posposto.

Exemplos:

(6) uma mulher ***bela*** / uma ***bela*** mulher (intensificação de sentido por meio da anteposição)

(7) o homem ***grande*** / o ***grande*** homem (modificação de sentido por meio da anteposição)

(8) esta casa ***azul*** / *esta ***azul*** casa[8]

No exemplo (8), acima, o SN *esta casa azul* não permite anteposição do qualificador, o que implicaria agramaticalidade: organização sintática esdrúxula à gramática da língua.

É possível notar, portanto, que a posição do qualificador em relação ao núcleo nominal implica alterações semânticas ou fenômenos de agramaticalidade. Depreende-se daí que o modo de organizar sintaticamente as sentenças é oriundo de certas intenções na produção de sentidos, e isso não é uma inferência surpreendente, pois os recursos gramaticais estão a serviço de aspectos discursivos.

7 Chamado tradicionalmente de *adjunto adnominal*.

8 Anteposição de asterisco a uma estrutura sintática indica agramaticalidade.

Seja como for, no que tange à estrutura morfossintática do português, importa perceber a função nuclear do designador e adjunta de seus satélites (determinantes, qualificadores, quantificadores).

3.1. Substantivo

Substantivo é o vocábulo com que se nomeiam entidades concretas ou abstratas.

> Exemplos: *amor, céu, ar, angústia, alegria, livro, saudade, cadeira, solidão, mulher, homem, povo, menino* etc.

Nos estudos morfossintáticos, dá-se o nome de *substantivo* à classe nuclear dos sintagmas nominais. Assim, o substantivo funciona regularmente como núcleo de categorias sintáticas como sujeito, objeto direto e predicativo do sujeito. Considerando o sintagma preposicionado como um SN encabeçado de preposição, não será difícil constatar que o substantivo também funciona como núcleo em SPreps., conforme o quadro abaixo:

Sujeito	**Verbo**	**Objeto direto**
Toda *criança*	merece	*respeito.*
Sujeito	**Verbo**	**Predicativo do sujeito**
O *bebê*	é	uma *menina.*
Sujeito	**Verbo**	**Objeto indireto**[9]
O *rapaz*	gosta	de *livros.*

9 Complementos de verbos como *gostar* ou *acreditar* não são considerados por alguns pesquisadores *objeto indireto* devido à falta de coincidência com o dativo latino (cf. Rocha Lima, 1994: 251-2; Azeredo, 2008: 217). Tratar-se-á desse tema com maior acuro no capítulo dedicado à sintaxe estrita.

3.1.1. Taxonomias

Existem dicotomias tradicionais nos estudos que se fazem sobre o substantivo: *primitivo e derivado; simples e composto; concreto e abstrato; comum e próprio.* Desses binômios, os dois primeiros têm caráter morfológico, já que dizem respeito à estrutura mórfica do vocábulo; os dois últimos pertencem ao plano semântico, considerando certas características das entidades nomeadas.

Costuma-se dizer, por exemplo, que o substantivo *ferro* é *primitivo* porque não se origina de nenhum outro vocábulo em uso corrente no português. Os substantivos *ferragem, ferreiro* e *ferraria,* por seu turno, são considerados *derivados,* pois são oriundos do substantivo primitivo *ferro.*

Substantivo simples é aquele que possui apenas um morfema lexical. Chamam-se *simples,* por exemplo, vocábulos como *amor, mesa* e *sol.* A esses vocábulos se podem juntar outros lexemas para formar **substantivos compostos**: *amor-perfeito, mesa-redonda, girassol.*

A dicotomia *concreto/abstrato* concerne ao sentido da entidade designada pelo substantivo. Desse modo, **não é o substantivo que é *concreto* ou *abstrato*, mas o sentido a ele atribuído**. Vocábulos como *alegria, trabalho* e *nobreza* são considerados **abstratos** porque os sentidos a eles atribuídos são abstrações inerentes aos sentimentos, ações e julgamentos humanos. Já vocábulos como *ar, Deus* e *cadeira são considerados* **concretos** porque os sentidos associados a eles ganharam *concretude,* ou seja, ganharam independência em relação a sentimentos, ações e julgamentos humanos. Talvez o mais adequado, portanto, seja falar em **substantivos de sentido concreto ou abstrato.**

Finalmente, **substantivo comum** é aquele que nomeia uma classe ou categoria geral de vocábulos; **substantivo próprio** é aquele que isola uma entidade pertencente a dada categoria. Por exemplo, *escola* e *colégio* são substantivos comuns, visto que designam categorias gerais no mundo: instituições cuja finalidade é apreensão e transformação do conhecimento. *Escola Municipal Mauro de Castro* e *Colégio Gonçalves Dias* são substantivos próprios, uma vez que nomeiam entidades isoladas, pertencentes à categoria geral de escolas e colégios.

Merece ainda menção a subtaxonomia dos **coletivos** — nomes que, mesmo sem a flexão de plural, designam vários seres pertencentes a dada classe ou categoria. Vocábulos como *assembleia, banca, colegiado, elenco, legião,* todos eles pertencentes ao número *singular,* são considerados *coletivos* devido à propriedade de gerar noção pluralizada. Ressalte-se também que alguns coletivos são **específicos**, na medida em que dispensam especificadores: *laranjal* e *conclave*[10], por exemplo; outros coletivos são **gerais** por conta da propriedade de aludir a diferentes entidades: *associação* e *grupo,* por exemplo.

3.1.2. Flexões

Stricto sensu, os nomes admitem duas flexões em português: gênero e número, sendo a primeira a flexão de feminino e a segunda, a de plural. Desse modo, um vocábulo não flexionado ordinariamente se apresenta no masculino e no singular: *menin-o,* por exemplo. Para flexioná-lo em gênero, faz-se a permuta da vogal temática nominal *-o* pelo morfema de gênero *-a*: *menin-o – menin-a*[11]; a flexão de plural (flexão de número) se dá em geral pelo acréscimo do morfema *-s,* dando origem à sequência morfológica *menin-o – menin-a – menin-a-s.*

O que alguns livros didáticos chamam *flexão de grau* na verdade não constitui processo flexional, mas derivacional, posto que a variação *aumentativo/diminutivo,* sem vocábulos auxiliares (graus analíticos), ocorre por intermédio de sufixos. Assim, o que se tem nos pares *menin-o – menin-inh-o* e *garot-o – garot-ão* não é um mecanismo flexional de nomes, mas um processo derivacional de formação de vocábulos através de afixos.

---

10 Reunião de cardeais para eleger o papa.

11 Embora não fale numa "flexão de gênero do feminino para o masculino", Cunha (1994) permite interpretar o morfema ***-o***, em vocábulos como *lob-**o*** ou *garot-**o***, como morfema de gênero, e não vogal temática nominal (cf. p. 91). Obviamente, trata-se de uma ótica não acolhida neste trabalho.

3.1.2.1. Gênero do substantivo

Antes de mais nada, convém repassar algumas palavras importantes de Camara Jr. (1996) sobre o tema:

> A flexão de gênero é exposta de uma maneira incoerente e confusa nas gramáticas tradicionais do português.
>
> Em primeiro lugar, em virtude de uma incompreensão semântica da sua natureza. Costuma ser associada intimamente ao sexo dos seres. Ora, contra essa interpretação falam duas considerações fundamentais. Uma é que o gênero abrange todos os nomes substantivos portugueses, quer se refiram a seres animais, providos de sexo, quer designem apenas "coisas", como *casa, ponte, andaiá*[12], femininos, ou *palácio, pente, sofá*, masculinos. Explicar todas essas ocorrências pela metáfora, à maneira de um pansexualismo freudiano (...), não nos levaria muito longe. Depois, mesmo em substantivos referentes a animais ou pessoas há discrepância entre gênero e sexo, não poucas vezes. Assim, *testemunha* é sempre feminino, quer se trate de homem ou mulher, e *cônjuge*, sempre masculino, aplica-se ao esposo e à esposa. Para os animais, temos os chamados substantivos epicenos, como *cobra*, sempre feminino, e *tigre*[13], sempre masculino.
>
> Na realidade, o gênero é uma distribuição em classes mórficas, para os nomes, da mesma sorte que o são as conjugações para os verbos. (...)
>
> O mais que podemos dizer, porém, em referência ao gênero, do ponto de vista semântico, é que o masculino é uma forma geral, não-marcada, e o feminino indica uma especialização qualquer (*jarra* é uma espécie de "jarro", *barca* um tipo especial de "barco", como *ursa* é a fêmea do animal chamado *urso*, e *menina* uma mulher em crescimento na idade dos seres humanos denominados como a de "*menino*"). (pp. 88-9)

A flexão de gênero, portanto, é um mecanismo gramatical oriundo das relações de concordância entre os nomes. Trata-se

---

12 Palmeira brasileira.

13 Os dicionários hoje registram a forma *tigresa* para referir a fêmea do tigre. Nesse caso, não houve flexão de gênero, mas a formação de uma nova palavra por derivação sufixal (*tigr-esa*). Essa nova palavra designa a fêmea de um dado animal cujo nome é *tigre*.

de fenômeno da metalinguagem gramatical, que não se deve confundir com sexo dos seres ou representação de processos ideológicos envolvidos no mundo.

A maior parte dos nomes substantivos pode apresentar três temas ou vogais temáticas: *-a* (*cadeir-a, vid-a*), *-o* (*livr-o, carr-o*), *-e* (*dent-e, peix-e*). Os nomes que designam seres animados em geral admitem a troca da vogal temática *-o* pelo morfema de gênero *-a*, o que representa a flexão de gênero *stricto sensu*.

Exemplos: *garot-o – garot-a, gat-o – gat-a, filh-o – filh-a*

São relativamente raros os casos em que nomes com tema em *-e* trocam essa vogal temática para flexionar o gênero, como em *mestr-e – mestr-a* ou *elefant-e – elefant-a*. Trata-se, como se disse, de casos raros na língua, que parecem ter nascido de um processo de *contaminação* morfológica, por analogia com os nomes com tema em *-o*. A regra geral é que o tema *-e* forme substantivos uniformes, que servem para designar os dois gêneros: *docente, hóspede, cônjuge* etc.

Sobre as tradicionais subtaxonomias **comum de dois gêneros, epiceno** e **sobrecomum**, ainda hoje presentes em aulas tradicionais de Português, vale o destaque abaixo:

> O conceito de sexo não funciona sistematicamente implícito ao de gênero. Deve-se partir, na distribuição do sistema, de um critério formal-funcional, abandonando-se os critérios arbitrários que, por longo tempo, dominam as gramáticas, associando gênero linguístico ao conceito de sexo. Isto não se dá no funcionamento atual da língua, como se pode ver em palavras como *casa, livro* etc. Em outras como *onça, jacaré, tigre*, que admitem uma distinção de sexo, numa situação contextual, em que se queira ou se precise determiná-lo, acrescentar-se-á o nome *macho* ou *fêmea*, sem contudo, (sic) tal expediente representar um fato sistemático da língua.
>
> Desse modo, não procedem as designações de epiceno, sobrecomum, comum de dois gêneros, usadas pela gramática tradicional. (Freitas, 1997: 83)

Com efeito, no sintagma *jacaré fêmea* não existe qualquer alteração no gênero do núcleo sintagmático, aparecendo o adjunto nominal com propósito de delimitação semântica, o que não tem que ver com o processo morfossintático de uma eventual flexão. Dito de outra forma, não houve flexão de gênero e o substantivo *jacaré* continua pertencendo ao masculino, mesmo com o adjunto que indica semanticamente tratar-se de um animal fêmea.

Semelhante é a realidade morfossintática em vocábulos como *pessoa, indivíduo* e *jornalista*, os dois primeiros considerados *sobrecomuns* pela tradição gramatical e o último, *comum de dois gêneros*. Os "sobrecomuns" não agasalham variação no uso do determinante para indicação semântica: *pessoa* sempre feminino e *indivíduo* sempre masculino. Essa variação é possível no chamado "comum de dois gêneros": *o jornalista — a jornalista*; todavia, ainda que concebível, o que ocorre é um artifício sintagmático para certo apontamento semântico. Num plano primário, que em geral serve para as entradas em dicionários, *jornalista* é um nome de gênero gramatical masculino que faculta ao usuário da língua a anteposição de determinantes de gênero gramatical feminino a partir de certos objetivos semânticos[14].

Cabe citar, finalmente, a questão de heterônimos pertencentes à dicotomia semântica *macho – fêmea*, interpretados por alguns, equivocadamente, como uma espécie de flexão de gênero. Ao propor um exercício do tipo "dê o feminino do substantivo *homem*", esperando como resposta que o estudante escreva "*mulher*", o professor incorre nesse grave erro analítico. Sobre isso, considerem-se palavras de Souza e Silva & Koch, abaixo transcritas:

> Em razão da ausência de distinção entre processo flexional e processo lexical, é comum ler-se em gramáticas do português que *mulher* é o feminino de *homem*, que *cabra* é o feminino de *bode*. Trata-se de casos de heteronímia dos radicais, isto é, de vocábulos lexicalmente distintos, que, tradicionalmente, têm sido utilizados para indicar a categoria de gênero. Na realidade, a distinção gramatical se faz através do artigo. Assim, os substantivos *mulher* e *cabra* são sempre femininos, porque podem ser precedidos pelo artigo *a*; e *homem* e *bode*, a eles semanticamente relacionados, são do gênero masculino, porque podem ser precedidos pelo artigo *o*. (1995: 42)

---

14 Isso se comprova com sentenças que exprimem ideias gerais, sem que haja qualquer particularização: *Os jornalistas esperaram muito tempo pela entrevista do senador.*

Talvez seja mais exato dizer que não há qualquer mecanismo morfossintático que faça "distinção" gramatical de gênero entre vocábulos como *cavalo* e *égua*, por exemplo. Trata-se, como bem argumentado pelas autoras, de heterônimos — termos lexicalmente muito distantes, pertencendo um primitivamente ao gênero gramatical masculino, e o outro, primitivamente ao gênero gramatical feminino. Querendo-se utilizar um determinante como adjunto do núcleo *cavalo*, há que ser obrigatoriamente masculino em razão da concordância nominal, o mesmo ocorrendo com *égua* em relação a um determinante que, uma vez utilizado, terá de pertencer ao gênero gramatical feminino.

3.1.2.2. Número dos substantivos

A flexão de número ocorre para que um vocábulo saia da sua forma singular e vá ao plural. Desse modo, todo morfema utilizado para formar o plural de um vocábulo se chama *morfema de número.*

Em português, como se sabe, predomina o morfema *-s*: *cas-a – cas-a-s, garot-o – garot-o-s, poet-a – poet-a-s*. No entanto, há vários morfemas utilizados para levar um vocábulo ao plural. Toda essa variedade parece decorrer de aspectos etimológicos, convencionais e prosódicos. Vejam-se alguns vocábulos e suas pluralizações, isolando-se os morfemas de número.

açúcar – **açúcar-es**
álcool – **álcoo-is**
aldeão – **alde-ões / aldeã-es / aldeão-s**
alemão – **alemã-es**
barril – **barri-s**
canção – **canç-ões**
catalão – **catalã-es**
cidadão – **cidadão-s**
ermitão – **ermit-ões / ermitã-es / ermitão-s**
fóssil – **fóss-eis**
irmão – **irmão-s**
má – **má-s**
mal – **mal-es**
mão – **mão-s**

mau – **mau-s**
multidão – **multid-ões**
projétil – **projét-eis**
projetil – **projeti-s**
tabelião – **tabeliã-es**
talão – **tal-ões**

Pertencentes à categoria dos *nomes metafônicos*, certos substantivos trocam o **/ô/** (fechado) do singular pelo **/ó/** (aberto) no plural (**plural metafônico**). Vejam-se alguns exemplos:

caroço – **caroço-s**
corpo – **corpo-s**
imposto – **imposto-s**
olho – **olho-s**
osso – **osso-s**
povo – **povo-s**
reforço – **reforço-s**
tijolo – **tijolo-s**

Convém ter em mente, entretanto, que nem todos os substantivos com /ô/ no singular são metafônicos, mantendo-se o fechamento no plural:

acordo – **acordo-s**
almoço – **almoço-s**
bolso – **bolso-s**
cachorro – **cachorro-s**
encosto – **encosto-s**
piloto – **piloto-s**
repolho – **repolho-s**
rolo – **rolo-s**
suborno – **suborno-s**

Certos substantivos paroxítonos terminados em *s*, bem como os pouquíssimos da língua terminados em *x*, são uniformes quanto ao número: *o/os atlas, o/os pires, o/os lápis, o/os ônibus, o/os tórax*.

Outros substantivos, pelo contrário, só se usam no plural: *condolências, fezes, núpcias, pêsames, óculos* etc.

Com relação ao **plural de substantivos compostos**, há certa variação nas construções, devendo-se ter em conta, porém, sempre a questão da eufonia e aspectos primários de concordância. Vale listar algumas regras práticas.

a) Apenas o primeiro vocábulo se flexiona em nomes ligados por preposição:

café com leite – **cafés com leite**
casa de espetáculo – **casas de espetáculo**
pé-de-moleque – **pés-de-moleque**
pêssego em calda – **pêssegos em calda**

b) Quando o primeiro elemento do composto é verbo ou termo inflexionável, apenas o segundo elemento vai ao plural:

abaixo-assinado – **abaixo-assinados**
guarda-roupa – **guarda-roupas**
infanto-juvenil – **infanto-juvenis**
quebra-luz – **quebra-luzes**
vice-presidente – **vice-presidentes**

c) Se o composto é formado por dois substantivos e o segundo apresenta função inequívoca de especificação, apenas o primeiro vai ao plural:

fruta-pão – **frutas-pão**
hora-aula – **horas-aula**
navio-escola – **navios-escola**
palavra-chave – **palavras-chave**
salário-família – **salários-família**

d) Formando-se o composto com dois substantivos ou substantivo mais adjetivo, vão ao plural os dois elementos:

abelha rainha – **abelhas rainhas**
ar-condicionado – **ares-condicionados**
couve-flor – **couves-flores**
curta-metragem – **curtas-metragens**
guarda civil – **guardas civis**
obra-prima – **obras-primas**

3.2. Adjetivo

Adjetivo é o vocábulo com o qual se atribuem características aos substantivos. Exemplos: menino – *bonito, feio, gordo, magro, comportado, arteiro, preguiçoso, esforçado* etc.

Segundo Camara Jr. (1996), muitas vezes apenas a organização sintática pode estabelecer distinção entre substantivos e adjetivos. Para o autor, as duas classes se poderiam inserir numa categoria geral dos **nomes**, os quais poderiam designar (função substantiva) ou qualificar (função adjetiva) os seres. Confiram-se as palavras abaixo.

> Já sabemos que os nomes portugueses se dividem, do ponto de vista funcional, em substantivos e adjetivos. Em princípio, não há entre as duas subdivisões uma distinção de forma. Muitos podem ser, conforme o contexto, substantivos ou adjetivos, ou seja, funcionar numa expressão como determinado ou como determinante, respectivamente. Assim, um marinheiro brasileiro é um marinheiro (substantivo) que é de nacionalidade brasileira (sua qualificação expressa por um adjetivo), da mesma sorte que um brasileiro marinheiro logo se entende como um brasileiro (substantivo) que adotou a profissão da marinha (qualificação adjetiva). (p. 87)

A essas posições, acrescente-se que alguns sufixos, como *-dor* ou *-ista*, que em geral exprimem noção de atividade, costumam dar origem a substantivos de feição adjetiva: *trabalha-dor, administra-dor, dent-ista, ocul-ista* etc.

Seja como for, é possível afirmar que o adjetivo *stricto sensu* é o vocábulo utilizado para qualificar o nome substantivo, daí chamar-se o adjetivo de *qualificador*. Exemplos: casa (designador ou substantivo) – *bonita, feia, grande, pequena, arrumada, bagunçada* (qualificadores ou adjetivos).

Notem-se acima os adjetivos *arrumada* e *bagunçada*, de origem participial. Há uma grande quantidade de adjetivos oriundos de verbos no particípio passado – forma nominal que funciona como qualificador em sintagmas nominais ou adjetivais. Veja-se o quadro a seguir.

Verbo	Particípio	Sintagma nominal
honr-a-r	*honr-a-do*	homem *honrado* mulher *honrada*
cresc-e-r	*cresc-i-do*	menino *crescido* menina *crescida*
part-i-r	*part-i-do*	coração *partido* vida *partida*

Para J. C. de Azeredo, os particípios que admitem flexão de gênero (característica dos nomes) perdem sua função processual de verbo e passam a classificar-se como adjetivos estritos. O verdadeiro verbo no particípio, portanto, seria apenas o que aparece em tempos compostos, onde não há flexão de gênero (cf. Azeredo, 1997: 71, nota de rodapé).

Há também, segundo Said Ali, formas participiais do presente e do futuro. As primeiras são bastante produtivas no português atual e representam nomes de taxonomia variável, na fronteira entre substantivos e adjetivos[15]; as formas futuras, ainda segundo o autor, deram origem a duas subformas, uma ativa e outra passiva, esta foneticamente aparentada com o gerúndio. Veja-se abaixo.

> O particípio do presente latino deu em português formas em *-ante, -ente, -inte*. Usadas porém em geral como substantivo e adjetivos propriamente ditos, poucos vestígios deixaram da antiga função verbal. (...)
>
> O particípio do futuro latino, de voz ativa, aparece em português apenas em alguns verbos intransitivos, com o mesmo conceito de ação ainda não realizada: *vindouro* (latim *venturus*), morredouro (latim *moriturus*). (...)
>
> O particípio do futuro, de voz passiva, criação puramente erudita, em português, usa-se *execrando* (= que deve ser execrado), *venerando, doutorando, examinando* e poucos casos mais.

15 Nomes que dependem da posição no sintagma nominal para que se classifiquem como substantivo ou adjetivo; por exemplo, *viajante pedinte* (viajante: núcleo, pedinte: adjunto); *pedinte viajante* (pedinte: núcleo, viajante: adjunto).

Uns empregam-se como substantivos, outros como adjetivos. (2001: 113)

Como bem coloca o autor, trata-se de nomes que aparecem no SN ora como substantivos, ora como adjetivos, restando poucos resquícios de sua origem verbal.

Exemplos:

(8) João era *uma pessoa* ***contente***.

(9) Há *um* ***bebedouro*** no terceiro andar.

(10) Maria é *professora* ***doutoranda*** *em Letras*.

(11) Maria é *uma* ***doutoranda*** *jovem*.

Perceba-se que, em (8), o nome *contente*, particípio presente do verbo *conter*, aparece no SN *uma pessoa contente* em função qualificadora ou adjunta, o que é regra geral para esse nome específico. O exemplo (9) demonstra a regularidade para o nome *bebedouro*, oriundo do particípio futuro na voz ativa em latim: funcionar como núcleo em SNs, dada sua feição essencialmente designadora (*um bebedouro*). Os exemplos (10) e (11), finalmente, expõem o nome *doutorando* (em latim, particípio futuro na voz passiva) flexionado em gênero para concordar com o sintagma-sujeito, ora como designador ou núcleo (11: *uma doutoranda jovem*), ora como qualificador ou adjunto (10: *professora doutoranda em Letras*).

3.2.1. Gênero do adjetivo

Retomando palavras M. Said Ali, nosso sintaticista maior, certos nomes com tema em *-e* (terminação *-nte* do antigo particípio presente) podem indicar designação ou qualificação, dependendo intimamente da sintaxe para que se classifiquem como substantivo ou adjetivo.

No caso de nomes oriundos de verbos de terceira conjugação (VTV **-i**), o regular é não haver flexão de gênero. Veja-se o quadro a seguir.

Verbo	Nome	Sintagma nominal
delinqu-i-r	*delinqu-e-nte*	homem *delinquente,* mulher *delinquente*
resid-i-r	*resid-e-nte*	homem *residente,* mulher *residente*
ped-i-r	*ped-i-nte*	homem *pedinte,* mulher *pedinte*
presid-i-r	*presid-e-nte*	homem *presidente,* mulher *presidente*

Além desses vocábulos, há outros nomes oriundos do particípio presente, todos uniformes quanto ao gênero: *inteligente* (de *inteligir*), *suplente* (de *suprir*), *doente* (de *doer*), *adolescente* (de *adolescer*), *estudante* (de *estudar*), *desafiante* (de *desafiar*) etc.

Os chamados *adjetivos biformes* fazem normalmente a flexão de gênero, de acordo com o substantivo qualificado. Exemplos: homem *feio*, mulher *feia*; fogão *novo*, mesa *nova*[16]; carro *preto*, roupa *preta* etc.

Há também *sufixos biformes*, ou seja, morfemas gramaticais que possuem uma forma para o masculino e outra para o feminino. Dentre esses elementos mórficos, os mais produtivos são: *-ês / -esa, -oso / -osa*[17]. Exemplos: *francês, francesa; português, portuguesa; estudioso, estudiosa; honroso, honrosa* etc.

No caso de adjetivos compostos, o regular é que apenas o segundo elemento vá ao feminino.

---

16 Variação de gênero com metafonia.

17 Variação afixal com metafonia.

Exemplos:

luso-brasileiro - **luso-brasileira**
latino-americano - **latino-americana**
anglo-saxão - **anglo-saxã**
técnico-administrativo - **técnico-administrativa**

Obs.: Excetua-se da regra acima o adjetivo composto *surdo-mudo*, que recebe morfema de gênero nos dois elementos: *surda-muda.*[18]

3.2.2. Grau do adjetivo

A variação de grau nos adjetivos pode ocorrer de modo *analítico* (com auxílio de outros vocábulos) ou *sintético* (com acréscimo de sufixos).

São dois os graus do adjetivo: *comparativo* e *superlativo.*

O grau comparativo pode indicar:

a) **inferioridade**: *José é menos inteligente que* (ou *do que*) *Maria.*

b) **igualdade**: *José é tão inteligente quanto Maria.*

c) **superioridade**: *José é mais inteligente que* (ou *do que*) *Maria.*

Obs.: Podem-se comparar duas qualidades atribuídas ao mesmo ser: *João é mais esforçado que inteligente.*

O superlativo pode indicar ainda que um ser apresenta elevado grau de dada qualidade: *Maria é muito inteligente* (superlativo absoluto analítico). *Maria é inteligentíssima* (superlativo absoluto sintético).

Em português, é comum haver superlativos absolutos sintéticos oriundos de vocábulos latinos. Veja-se o quadro a seguir com alguns desses casos.

---

18 Há estudiosos que não abraçam essa flexão; cf., p. ex., Luft (2002: 146 – nota de rodapé).

Nome português	Nome latino	Superlativo
amargo	amarus	amaríssimo
amigo	amicus	amicíssimo
cruel	crudelis	crudelíssimo
doce	dulcis	dulcíssimo
fiel	fidelis	fidelíssimo
frio	frigus	frigidíssimo
nobre	nobilis	nobilíssimo
negro	niger	nigérrimo
livre	liber	libérrimo
pobre	pauper	paupérrimo

Sublinhe-se, por fim, que o superlativo pode indicar que um ser acaba sobressaindo em relação aos demais por possuir dada qualidade em maior ou menor grau (superlativo relativo): *Maria é a mais esforçada da escola. Maria é a menos esforçada da escola.*

3.2.3. Número do adjetivo

O plural dos adjetivos obedece basicamente às mesmas regras a que obedece o plural dos substantivos.

Em adjetivos compostos, tal como ocorre com o gênero, apenas o último elemento recebe morfema de número. Confiram-se os exemplos abaixo.

nipo-brasileiro – **nipo-brasileiros**
latino-americano – **latino-americanos**
técnico-administrativo – **técnico-administrativos**

Também a exemplo do gênero, o vocábulo *surdo-mudo* flexiona os dois elementos: *surdos-mudos*.

São exceções também os adjetivos compostos relativos a cores, inflexionáveis quando o último elemento é um substantivo. Veja-se abaixo.

camisa verde-limão – camisas **verde-limão**
roupa amarelo-canário – roupas **amarelo-canário**
terno azul-petróleo – ternos **azul-petróleo**

O adjetivo *azul-marinho*, composto por dois adjetivos, é uma exceção e se mantém inflexionável em gênero e número: terno *azul-marinho*, ternos *azul-marinho*; roupa *azul-marinho*, roupas *azul-marinho* etc.

3.3. Pronome

O ***pronome*** *é* o vicário (substituto) da língua, já que sua função é substituir adjetivos e substantivos.

Exemplos:

(12) Há ***vários*** alunos no pátio.

(13) ***Ele*** já é médico.

Em (12), o vocábulo *vários* é pronome adjetivo, exercendo função sintática adjunta do nome nuclear *alunos*. Em (13), o vocábulo *ele* é pronome substantivo e funciona sintaticamente como sujeito do verbo *ser*.

Especificamente sobre os pronomes, Camara Jr. afirma haver

> certo grupo de vocábulos, que, mesmo quando de forma nominal em linhas gerais, se diferenciam nitidamente dos nomes propriamente ditos pela circunstância de exprimirem um "ser" não por ele mesmo, mas em função de uma SITUAÇÃO LINGUÍSTICA. Em outros termos, o seu significado é apenas a relação estabelecida com as duas pessoas do discurso, ditas PESSOAS GRAMATICAIS: o falante, o ouvinte. (1989: 153-4)

Deve-se acrescentar às pessoas de "falante" e "ouvinte" uma terceira pessoa gramatical, oriunda do demonstrativo latino *ille/illa* (ele/ela), a qual, como elemento essencialmente lexicalizado, admite as flexões de gênero e número. Com efeito, o plural dos pronomes de primeira e segunda pessoas se faz heteronimicamente: *eu – nós; tu – vós*. No caso da terceira pessoa, tem-se as flexões-padrão, tanto para o gênero quanto para o número: *el-e – el-a – el-a-s*.

De qualquer modo, cumpre dizer que os pronomes são elementos gramaticais de natureza fórica, ou seja, têm propriedade de fazer alusão a outras entidades do texto ou discurso. Pronomes pessoais e relativos, por exemplo, precisam associar-se a um sintagma nominal para construir sua referência; já os chamados *pronomes adjetivos* (demonstrativos, indefinidos e possessivos) desempenham geralmente função qualificadora, caracterizadora, sempre em alusão a um nome substantivo.

Azeredo (2000: 121) oferece um bom exemplo da característica fórica dos pronomes:

> *D. Sueli, secretária do Dr. Aluísio, chega à sala de espera do consultório e avisa a João e Lúcia, clientes do dentista:*
>
> *(a) — Eu peço que vocês aguardem só mais um pouquinho. Ele já vai atender.*
>
> *Em outro lugar, Mauro, filho do Sr. Osório, atende ao chamado de Júlio e Arnaldo, que apareceram para cobrar uma dívida de seu pai:*
>
> *(b) — Eu peço que vocês voltem amanhã. Ele não está em casa.*
>
> (...)
>
> *Sueli, Mauro, Lúcia, Arnaldo, Aluísio* servem para identificar indivíduos com suas características particulares, são nomes próprios; *eu, vocês, ele* não os identificam como indivíduos distintos, mas apenas como **pessoas do discurso** (*eu* = primeira pessoa, o emissor, quem produz o discurso; *vocês* = segunda pessoa, o destinatário, a quem o discurso é dirigido; *ele* = terceira pessoa, aquele a quem o discurso se refere).
>
> Estas formas representam a categoria gramatical de pessoa, que é *a propriedade que tem a linguagem de permitir que o enunciador se refira a si próprio e aos outros personagens do ato comunicativo, não como indivíduos, mas apenas como participantes do discurso.*

Apesar da alusão ao vocábulo *vocês* como pronome de segunda pessoa, deve-se ressaltar que *você* é abreviação do pronome de tratamento *vossa mercê*, e todo pronome de tratamento, ainda que sirva para que o locutor se dirija ao interlocutor, é de terceira pessoa, o que se comprova pelas flexões verbais e mecanismos de concordância.

O mesmo autor (2008: 179-80) também considera pronomes indefinidos os vocábulos *um, uma, uns, umas* — chamados pela tradição gramatical de "artigos indefinidos". Não há problemas quanto a essa percepção, uma vez que artigos têm caráter pronominal, dada a função de introduzir o nome substantivo indicando-lhe certa nuança semântica. Aliás, morfossintaticamente, adjetivos, artigos e numerais poderiam considerar-se *pronomes*, isto é, classes-satélite do nome.

Especialmente sobre *um* e *uma*, só a depreensão semântica pode determinar se se trata de numerais ou pronomes. Havendo noção inequívoca de quantidade, classificam-se como numerais; substituindo-se a noção quantitativa por uma noção semântica vaga ou indeterminada, classificam-se como pronomes.

Exemplos:

(12) Maria precisava de ***uma*** panela nova. (pronome)

(13) Maria só precisava de ***uma*** panela nova, mas José lhe comprou um jogo de cinco panelas. (numeral)

(14) "***Um*** é pouco, dois é bom, três é demais." (numeral)

(15) Todo mundo necessita de ***um*** amigo. (pronome)

Reitere-se que a dicotomia tradicional **pronome substantivo** e **pronome adjetivo** advém da função sintática nuclear ou adjunta exercida no sintagma. Desse modo, se o pronome substitui o substantivo, exercendo função sintática típica de um nome designador, classifica-se como *pronome substantivo*; se o pronome caracteriza o substantivo, exercendo função sintática típica de um nome qualificador, classifica-se como *pronome adjetivo*.

Considerando essa distinção essencialmente sintática, a preferência aqui é pelo binômio **pronome nuclear** e **pronome adjunto**, o que se aproxima do pensamento de Said Ali (1969: 61).

Exemplos:

(16) ***Ela*** é professora.

(17) Maria, ***que*** é professora, estuda gramática do português.

(18) Houve discussão entre José e Maria. ***Esta*** queria ir à loja de roupas; ***aquele*** insistia no jogo de futebol.

(19) ***Vários*** candidatos desistiram do concurso.

(20) O time ainda tinha ***alguma*** chance.

(21) ***Esta*** faculdade é pública.

Nos exemplos (16), (17) e (18), os vocábulos destacados são *pronomes nucleares*, já que desempenham função sintática nuclear ou "absoluta" (Ali, *id.*, *ibid.*) na estrutura sintagmática. Em (19), (20) e (21), os vocábulos destacados são *pronomes adjuntos* em virtude do funcionamento sintático adjunto no interior do sintagma.

Além dessa taxonomia de cunho sintático, os pronomes se classificam tradicionalmente em *pessoais*, *possessivos*, *demonstrativos*, *indefinidos*, *interrogativos* e *relativos*.

3.3.1. Pronome pessoal

Os chamados *pronomes pessoais* são a única categoria gramatical que guarda ainda resquícios da antiga flexão de caso — comum na língua latina, que deu origem ao português[19]. Assim, a nossa língua reserva os pronomes pessoais do caso reto (*eu, tu, ele, nós, vós, eles*) para as funções de sujeito e predicativo (caso nominativo); os pronomes oblíquos átonos *o, a, os, as* (e suas variantes *lo, la, los, las; no, na, nos, nas*) estão reservados para a função de objeto direto (caso acusativo); o pronome *lhe* (e seu plural *lhes*) se reserva para a função de objeto indireto (caso dativo); os pronomes oblíquos átonos *me, te, se, nos, vos* servem tanto para o acusativo quanto para o dativo, dependendo da função sintática exercida no período; os pronomes oblíquos tônicos (*mim, comigo, ti, contigo, si, consigo, ele, ela, nós, conosco,*

19 J. Mattoso Camara Jr. não abraça completamente essa tese, alegando que os sistemas latino e português são muito distintos (cf. Camara Jr., 1979: 96).

vós, convosco, eles, elas) servem para os casos dativo e ablativo (equivalente aproximado do adjunto verbal português).

Incluem-se na taxonomia *pessoais* os chamados *pronomes de tratamento*, que servem para dar tratamento especial ou cerimonioso ao interlocutor.

Exemplos:

(22) ***Eu*** escrevo um artigo neste momento.

(23) "Levantai-***vos***, heróis do Novo Mundo..." [Castro Alves]

(24) ***Vossa Excelência*** deve sentir-se feliz pelos benefícios proporcionados à comunidade.

Em (22), destaca-se um pronome pessoal do caso reto, de 1ª. pessoa do singular, na função sintática nominativa de *sujeito*. No exemplo (23), o destaque é um pronome pessoal átono do caso oblíquo, de 2ª. pessoa do plural, atuando como parte integrante do verbo, sem exercício de função sintática. Em (24), finalmente, destaca-se um pronome pessoal de tratamento, equivalente à 3ª. pessoa do singular, também funcionando, a exemplo de (22), como *sujeito*.

Abaixo se propõe um quadro dos pronomes pessoais em português:

Pessoas pronominais	**Pronomes pessoais do caso reto**	**Pronomes pessoais átonos do caso oblíquo**	**Pronomes pessoais tônicos do caso oblíquo**
1ª. do singular	eu	me	mim, comigo
2ª. do singular	tu	te	ti, contigo
3ª. do singular	ele, ela	o, a, se, lhe	si, consigo, ele, ela
1ª. do plural	nós	nos	nós, conosco
2ª. do plural	vós	vos	vós, convosco
3ª. do plural	eles, elas	os, as, se, lhes	si, consigo, eles, elas

Propõe-se também um quadro com os principais pronomes pessoais de tratamento e seus usos mais comuns[20]:

Pronomes de tratamento	**Abreviaturas**	**Usos**
Vossa Alteza	V. A.	príncipes, arquiduques, duques
Vossa Eminência	V. Emª.	cardeais
Vossa Excelência	V. Exª.	autoridades em geral
Vossa Excelência Reverendíssima	V. Exª. Revmª.	bispos e arcebispos
Vossa Magnificência	V. Magª.	reitores de universidades
Vossa Majestade	V. M.	reis, imperadores
Vossa Santidade	V. S.	papa
Vossa Senhoria	V. Sª.	tratamento comercial e oficial para hierarquias comuns

O pronome *você* (em alusão ao interlocutor) e a locução pronominal *a gente* (em alusão ao locutor), ambos de tratamento íntimo e generalizado no Brasil, também fazem a concordância em 3ª. pessoa do singular.

20 No decreto 9.758, de 11/04/2019, o Presidente da República relativiza o uso dos pronomes de tratamento para autoridades públicas e oficiais. Esse decreto, contudo, não se aplica às autoridades religiosas, às quais se devem as deferências de praxe.

Exemplos:

(25) ***Você*** *quer dançar?*

(26) Apesar de tudo, ***você*** *resolverá* seus problemas.

(27) ***A gente*** *foi* ao cinema.

No caso da perífrase *a gente*, mesmo os eventuais predicativos devem aparecer no singular:

(28) ***A gente está satisfeito*** com os resultados.

(29) Fique despreocupado, pois ***a gente é tranquilo*** aqui.

Além dos pronomes de tratamento listados no quadro, existem ainda as formas *Vossa Meritíssima* ou *Meritíssimo*, para tratamento de juízes, sempre por extenso, e as formas tradicionais *o senhor* (sr.) e *a senhora* (srª.), para tratamento respeitoso na comunicação cotidiana.

Exemplos:

(30) Gostaria de pedir a ***Vossa Meritíssima*** um aparte.

(31) Gostaria de pedir ao ***Meritíssimo*** um aparte.

(32) ***A senhora*** permite que eu saia?

(33) Fico feliz por ver ***o senhor*** tão bem.

Assim como existem as formas *Vossa Senhoria, Vossa Excelência* etc., para tratar a pessoa com quem se fala, existem as variantes *Sua Senhoria, Sua Excelência* etc., para tratar a pessoa de quem se fala.

Exemplos:

(34) ***Sua Excelência*** (S. Exª.) está em dificuldades para aprovar o orçamento.

(35) Tenha a bondade de pedir a ***Sua Senhoria*** (S. Sª.) que providencie os bilhetes.

Na invocação (ou vocativo), em correspondências comerciais e oficiais, a forma *Ilustríssimo* (Ilmº.) é alusiva a V. Sª., enquanto a forma *Excelentíssimo* (Exmº.) se refere a V. Exª. Ainda em relação a correspondências oficiais, desaconselha-se a abreviatura se o destinatário é o Presidente da República.

Exemplos:

(36) ***Ilmº.*** Sr. Dir. das Empresas Rio Pardo Ltda.

(37) ***Exmº.*** Sr. Prefeito da cidade de Nova Iguaçu.

(38) ***Excelentíssimo*** Senhor Presidente da República Federativa do Brasil.

Ainda sobre a redação de textos de gênero comercial, empresarial ou oficial, os vocativos podem-se isolar por vírgula ou ponto[21].

Atualmente, em virtude de inúmeras mudanças antropológicas que interferem nos conceitos abstratos de *respeito* ou na relativização das necessidades de *consideração, deferência* ou *reverência,* os pronomes pessoais de tratamento especial perdem cada vez mais força. Hoje é muito comum, por exemplo, que os filhos tratem os pais por *você,* ou que autoridades de alta hierarquia sejam tratados simplesmente como *senhor* ou *senhora,* o que aponta para o Decreto Presidencial de 11/04/2019.

Ainda sobre os pronomes pessoais, no que concerne à concordância geral ou uniformidade de tratamento, em muitos trabalhos gramaticais, trabalhos respeitados inclusive, há certa confusão entre pessoas pronominais e modo de tratar o interlocutor. Destaque-se que pessoas pronominais são pronomes-sujeito, os quais dão origem à flexão verbal, o que não se associa gramaticalmente à pessoa do interlocutor. Dito de outro modo, um emissor pode tratar o destinatário por meio de diversas pessoas pronominais, o que implicará flexões verbais distintas.

Imagine-se, a título de exemplo, um dado pesquisador que dá a seu orientando os seguintes aconselhamentos:

(39) ***Divulgue suas*** teses com o devido cuidado.

(40) ***Divulga tuas*** teses com o devido cuidado.

---

21 A vírgula é mais aconselhável, pois a regra geral é isolar o vocativo através desse sinal gráfico.

(41) ***Divulguemos nossas*** teses com o devido cuidado.

(42) ***Divulgai vossas*** teses com o devido cuidado.

Semanticamente, o aconselhamento é o mesmo, como também são os mesmos o locutor e o interlocutor. As orações, contudo, apresentam verbos flexionados a partir de pronomes-sujeito (pessoas pronominais) distintos, implicando também alterações nos pronomes adjetivos utilizados: (39) terceira do singular: *divulgue suas* teses; (40) segunda do singular: *divulga tuas* teses; (41) primeira do plural: *divulguemos nossas* teses; (42) segunda do plural: *divulgai vossas* teses. Essa realidade morfossintática não altera o fato de haver um locutor que dirige injuntivamente uma mensagem ao interlocutor. Em termos morfossintáticos, portanto, é inadequado associar os participantes do processo comunicativo às pessoas pronominais responsáveis pela determinação dos mecanismos de concordância.

3.3.2. Pronome possessivo

Os chamados *pronomes possessivos* exprimem noção de *posse* em relação às pessoas pronominais. São eles: *meu, minha, teu, tua, seu, sua, nosso, nossa, vosso, vossa*. Por conta dessa característica, os possessivos aparecem ordinariamente em função sintática adjunta. Confira-se o quadro.

Pessoas pronominais	Masculino, singular	Feminino, singular	Masculino, plural	Feminino, plural
1ª. do singular	meu	minha	meus	minhas
2ª. do singular	teu	tua	teus	tuas
3ª. do singular	seu	sua	seus	suas
1ª. do plural	nosso	nossa	nossos	nossas
2ª. do plural	vosso	vossa	vossos	vossas
3ª. do plural	seu	sua	seus	suas

Exemplos:

(43) O funcionário lavou ***teu*** carro.

(44) ***Nossos*** pais merecem respeito.

Como é possível notar acima, **os possessivos concordam em gênero e número com a entidade possuída e em pessoa com o possuidor**.

Cabe lembrar que os pronomes oblíquos átonos também podem aparecer na sentença com valor semântico e função sintática dos possessivos. Vejam-se os exemplos:

(45) Roubaram-***lhe*** a vontade de viver.

(46) Aquela tese ***me*** tomou a vida.

Nas sentenças acima, os clíticos funcionam sintaticamente como *adjuntos nominais* no interior de sintagmas-complemento, dadas estas reescrituras:

(47) Roubaram ***a sua vontade*** de viver / Roubaram ***a vontade*** de viver ***dele/dela***.

(48) Aquela tese tomou ***a minha vida***.

Ordinariamente, os possessivos, como pronomes adjuntos prototípicos, ocupam posição anteposta ao núcleo, embora a sintaxe posposta seja também possível. Confiram-se:

(49) ***Nosso*** tempo é estranho.

(50) Todos já conhecem ***teus*** propósitos.

(51) ***Minha*** casa é azul.

(52) Filho ***meu***, ajuda-me!

(53) Mande-me notícias ***suas***.

Said Ali observa, com razão, a ambiguidade sintática (e consequentemente semântica) dos possessivos de terceira pessoa. Veja-se a seguir.

O possessivo *seu, sua,* etc. refere-se tanto à 3ª. do singular, como à 3ª. do plural e aplica-se, além disso, à pessoa com quem se fala, correspondendo ao tratamento de *você, o Senhor, Vossa Senhoria,* etc. Distingue-se o possuidor pelo sentido da frase:

O menino perdeu seu pai [= pai dele].
Você perdeu seu pai [= pai de você].
As crianças perderam seu tutor [tutor delas]. (sic)
A mãe com seus filhinhos [= filhinhos dela].
Aceito o convite que o Senhor me fez; às 7 horas estarei em sua casa [= em casa do Senhor]. (1969: 63)

Não obstante o argumento de que o sentido da frase é capaz de desfazer a ambiguidade em relação ao possuidor, é preciso observar que sentenças como '*O menino perdeu o seu brinquedo*' e '*As crianças perderam as suas roupas*', por exemplo, permanecem ambíguas, visto poderem referir-se tanto ao interlocutor quanto a uma terceira pessoa. Talvez a solução mais adequada, no caso dos exemplos, seja a substituição por uma expressão preposicionada genitiva:

(54) O menino perdeu o brinquedo ***dele***.

(55) As crianças perderam as roupas ***delas***.

Sendo o trabalho de redação um serviço artesanal por excelência, o momento da escritura determinará ao redator, se dotado das habilidades técnico-gramaticais exigidas, as melhores soluções para desfazer as eventuais ambiguidades no plano morfossintático.

3.3.3. Pronome demonstrativo

Chamados na literatura linguística de *dêiticos* (gr., *dêixis*: demonstração, amostragem), os demonstrativos são pronomes que referem as entidades localizando-as no tempo e no espaço, ou seja, podem aludir a um nome situando-o próximo do emissor (este), próximo do receptor (esse), longe do emissor e do receptor (aquele). Trata-se do sistema tripartido latino citado por Camara Jr. (1979: 101): campo do locutor, campo do interlocutor, campo externo.

Por extensão, ocorrem também:

a) referência ao tempo presente (este), passado próximo (esse), passado distante (aquele);

b) referência a vocábulos ou construções já expostas (anáfora) ou a vocábulos e construções ainda por explicitar (catáfora).

Exemplos:

(56) ***Neste*** lugar, a vida depende de uma série de acordos.

(57) Todos se lembram d***aquele*** tempo com muita saudade.

Em (56) e (57), acima, há, respectivamente, referência ao lugar onde está o emissor e alusão a um tempo passado já distante.

(58) O cientista está realizando várias pesquisas no campo da linguagem, e ***essas*** pesquisas redefinirão a análise discursiva.

(59) A frase que ele usou foi ***esta***: "Vocês agem como inconsequentes!"

Já nos exemplos acima, dão-se as funções anafórica, caracterizada pela retomada do SN *várias pesquisas* (58), e catafórica, representando uma anunciação de elemento textual a ser exposto ("*Vocês agem como inconsequentes!*" [59]).

Morfossintaticamente, os demonstrativos são os itens lexicais que mais guardam o gênero neutro, existente em latim. Veja-se o quadro abaixo.

Aspecto dêitico	Masculino	Feminino	Neutro
Campo próximo do locutor	este	esta	isto
Campo próximo do interlocutor	esse	essa	isso
Campo externo	aquele	aquela	aquilo

A função referencial dos dêiticos tenta manter, sobretudo na língua escrita formal, as partições latinas, utilizando-se ***esse*** para o que foi exposto e ***este*** para o que se vai expor. Trata-se de uma distinção que se perde na oralidade e desaparece completamente em situações informais de fala, como já reconhecia Camara Jr.:

> Há (...) uma discrepância entre o sistema de demonstrativos na função dêitica e o que atua na função anafórica.
>
> A língua escrita, tanto em Portugal como no Brasil, procura, apesar de tudo, manter estreme a distinção entre *este* e *esse* para referências dentro do contexto linguístico. Mas a regra, que criou para tal fim, de se empregar *esse* para o que acaba de ser dito, e *este* para o que vai ser dito em seguimento, é uma convenção fora da realidade linguística e não é rigorosamente obedecida. (1979: 103)[22]

Rocha Lima assinala os itens lexicais *o, a, os, as* como demonstrativos, como é de amplo conhecimento na literatura gramatical. Considere-se um dos tercetos do poema *Eu*, de Florbela Espanca:

> Sou aquela que passa e ninguém vê...
> Sou a que chamam triste sem o ser...
> Sou a que chora sem saber por quê...

Não é difícil notar que o pronome *a* dos dois últimos versos é vicário (substituto) do demonstrativo *aquela*, merecendo, portanto, a mesma classificação. O fator sintático digno de nota é a posposição regular do pronome relativo *que* para que se considerem *o, a, os, as* como demonstrativos, como se percebe no exemplo '*Pedro é o que mais reclama e o que menos trabalha*', equivalendo a '*Pedro é aquele que mais reclama e aquele que menos trabalha*'.

Ainda neste tópico, cabe lembrar que nossos principais gramáticos tradicionalistas, baseados em critérios unicamente semânticos, consideram termos como *tal* e *semelhante* como *pronomes demonstrativos* em frases como estas (Rocha Lima, 1994: 114):

---

22 O que parece relevante aqui dizer é que a língua também é feita de convenções. Portanto, especialmente na variedade formal escrita, de fortes laços com a língua padrão, mantém-se o sistema bipartido.

(60) Nunca escrevi ***semelhantes*** coisas!

(61) ***Tal*** despudor me causou repulsa.

3.3.4. Pronome indefinido

Os *pronomes indefinidos* aludem ao substantivo de forma vaga ou indefinida, em muitos casos atribuindo noção de intensificação quantitativa, daí a proximidade com certos advérbios e numerais. Cabe ressaltar, entretanto, que a maior parte dos pronomes indefinidos concorda em gênero e número com o substantivo modificado, o que não ocorre com advérbios.

Exemplos:

(62) Houve ***vários*** incidentes na reunião de ontem.

(63) ***Algumas*** pessoas foram excluídas da seleção.

(64) ***Muitos*** indivíduos ficam sem entender ***certas*** atitudes do governo.

(65) ***Muita*** coisa passa despercebida pelos olhos comuns.

A característica adjetiva dos pronomes acima lhes confere a designação *pronome adjetivo*, numa óbvia aproximação com os adjetivos *stricto sensu*. Em alguns casos, só a organização do sintagma nominal é capaz de autorizar a taxonomia de vocábulos como *vário, bastante, certa* etc. como pronome ou adjetivo. Antepostos ao núcleo, classificam-se como pronomes; pospostos ao núcleo, são adjetivos:

(66) Há ***bastantes*** *pessoas* na sala. (pronome)

(67) Não há *pessoas* ***bastantes*** para o serviço. (adjetivo)

(68) ***Certos*** *comportamentos* devem ser evitados. (pronome)

(69) É preciso escolher *comportamentos* ***certos*** para ***certas*** *ocasiões*. (adjetivo, pronome)

(70) Existem ***várias*** *teorias* para explicar este assunto. (pronome)

(71) Existem *teorias* ***várias*** para explicar este assunto. (adjetivo)

Por outro lado, note-se que alguns indefinidos substituem semântica e sintaticamente o nome nuclear na estrutura sintagmática:

(72) ***Alguém*** limpou a sala.

(73) ***Nada*** lhe roubava a energia.

(74) ***Algo*** aconteceu aqui.

(75) Não quero ***ninguém*** nesta sala.

Trata-se de pronomes que aparecem substantivamente nas sentenças como sujeito e objeto, o que leva à conclusão elementar de que os pronomes pessoais não detêm o monopólio dessas funções sintáticas.

Com razão, Bechara (2009: 170) assinala as *locuções pronominais indefinidas*[23], bastante comuns no português, tanto na modalidade oral quanto na escrita:

(76) Sobre os livros que você citou, aceito ***qualquer um***.

(77) ***Cada qual*** deve cuidar de sua vida.

(78) ***Cada um*** é responsável por si mesmo.

Sobre a inclusão do vocábulo *um* (e variantes) na categoria dos *pronomes indefinidos*, vale lembrar que tal perspectiva já constava de Said Ali (1969: 67), que insere o mesmo vocábulo entre pronomes adjuntos: "*algum, um, certo, vário, todo, outro, nenhum, qualquer.*"

Portanto, num sintagma nominal como '*uma pessoa admirável*', sequenciam-se as classes gramaticais *pronome, substantivo* e *adjetivo*.

3.3.5. Pronome interrogativo

É o pronome que serve para fazer perguntas, elaborar frases interrogativas, diretas ou indiretas, podendo também exercer

23 Chama-se *locução* o fenômeno gramatical de dois ou mais vocábulos representarem uma unidade morfossintática. Por exemplo, dois ou mais vocábulos que representem um *verbo* formarão uma *locução verbal* (*vou cantar, estou realizando* etc.); dois ou mais vocábulos que representem um *adjetivo* formarão uma *locução adjetiva* (homem *de caráter*, pessoa *de confiança* etc.); dois um mais vocábulos que representem uma *conjunção* formarão uma *locução conjuntiva* (*mesmo que, à medida que* etc.).

função sintática adjunta ou nuclear. Aliás, os interrogativos são subcategorias dos indefinidos usados especialmente em sentenças de cunho interrogativo.

Exemplos:

(79) ***Quanto*** tempo falta?

(80) ***Quem*** venceu a corrida?

(81) Perguntaram-me ***quantos*** anos você tem.

(82) ***Por que*** você não foi à entrevista?

Tem-se, na sequência, pronome interrogativo adjunto do núcleo *tempo* (79); pronome interrogativo nuclear (80); pronome interrogativo adjunto do núcleo *anos* (81); locução pronominal interrogativa adjunta (82), haja vista a presença virtual de um nome nuclear como *razão* ou *motivo*.

O pronome interrogativo *como* tem feição semântica adverbial modal, na medida em que se pode associá-lo a um modalizador do verbo. Na frase interrogativa '***Como*** *você chegou aqui?*', por exemplo, o vocábulo em destaque pode ser descrito sintaticamente como um adjunto verbal de modo alusivo ao verbo *chegar* ('*Você chegou aqui* ***como****?*').

3.3.6. Pronome relativo

Pronomes relativos são os que se relacionam com o sintagma precedente substituindo-o em termos sintático-semânticos. Vejamos o quadro dos principais relativos (Cunha, 1994: 347):

Masculinos	**Femininos**	**Inflexionáveis**
o qual, os quais	a qual, as quais	que
cuj[o], cuj[os]	cuj[a], cuj[as]	quem
quanto, quantos	quantas	onde

Exemplos:

(83) As medidas ***que*** foram anunciadas são impopulares. (que: as medidas)

(84) Todos conhecem a cidade ***à qual*** você se referiu. (a qual: a cidade)

(85) A casa ***onde*** Maria mora é confortável. (onde: [em] a casa)

(86) Todos ***quantos*** foram chamados tomaram posse dos seus devidos cargos. (quantos: todos)

(87) O homem de ***quem*** você fala já não mora mais aqui. (quem: o homem)

(88) Ele, ***que*** sempre reclamou dos políticos, agora age do mesmo modo. (que: ele)

(89) O poeta ***cuj***a obra é inédita mora em Japeri. (cuj[a]: do poeta, sua)

APÊNDICE: O RELATIVO CUJ(O, A, OS, AS)

O pronome relativo tem função anafórica, substitutiva. Dois períodos simples podem dar origem a um período composto com o auxílio do relativo, que substituirá um ou mais elementos de uma das orações, evitando repetições.

Exemplos:

(90) ***João Gomes*** ama sua penteadeira.

(91) ***João Gomes*** é um cantor popular.

(90) + (91): ***João Gomes***, / ***que*** é um cantor popular, / ama sua penteadeira.

(92) A mulher já chegou à faculdade.

(93) Você falou **d*a mulher***.

(92) + (93): A mulher / ***de quem*** você falou / já chegou à faculdade.

Na formação do período composto, as orações (90) e (92) se mantêm inalteradas, ao passo que as orações (91) e (93) aparecem com sujeito e adjunto substituídos pelos relativos *que* e *quem* respectivamente. Trata-se de um mecanismo de *coesão textual*.

O processo mencionado também ocorre nos períodos compostos em que aparece o relativo ***cuj***(o, a, os, as), que substitui adjuntos possessivos, acoplando-se ao artigo; aliás, é por isso que não se deve repetir o artigo.

Exemplos:

(94) A escola precisa de reformas.

(95) ***As*** janelas **da escola** estão quebradas.

(94) + (95): A escola / **cuj*as*** janelas estão quebradas / precisa de reformas.

(96) O menino estava chorando na sala.

(97) ***Os*** pais **do menino** foram embora.

(96) + (97): O menino / **cuj*os*** pais foram embora / estava chorando na sala.

Note-se que a sintaxe dos sujeitos das orações subordinadas é bastante simples. Na junção de (94) e (95), *cujas janelas* é sujeito simples explícito, *janelas* é núcleo do sujeito, *as* (determinante) e *cuj* (anafórico da expressão de posse) são adjuntos nominais. Na junção de (96) e (97), *cujos pais* é sujeito simples explícito, *pais* é núcleo do sujeito, *os* (determinante) e *cuj* (anafórico da expressão de posse) são adjuntos nominais.

Ainda sobre os relativos, façam-se as observações a seguir.

a) O pronome *que*, inflexionável, é chamado tradicionalmente *relativo universal* em função de seu largo emprego na língua portuguesa em referência a sintagmas precedentes de semântica animada ou inanimada.

(98) *O homem* ***que*** você procura não está aqui. (*o homem*: SN precedente, de semântica animada, não pluralizado)

(99) *O livro* ***que*** você procura não está aqui. (*o livro*: SN precedente, de semântica inanimada, não pluralizado)

(100) Todos conhecem *as pessoas* ***que*** picharam o muro. (*as pessoas*: SN precedente, de semântica animada, pluralizado)

(101) Todos conhecem *os quadros* ***que*** foram furtados da galeria. (*os quadros*: SN precedente, de semântica inanimada, pluralizado)

b) O relativo *quem*, também inflexionável, é usado especialmente para referência a entidade humana ou personificada.

(102) *O professor* de ***quem*** você fala trabalha na UERJ.

(103) *As mulheres* em ***quem*** acreditávamos mudaram de opinião.

Transformando os exemplos (102) e (103), acima, em períodos simples, tem-se o seguinte:

(104) *O professor* trabalha na UERJ. Você fala *do professor*.

(105) *As mulheres* mudaram de opinião. Acreditávamos *nas mulheres*.

c) É possível defender a hipótese de que os vocábulos *quando* e *como*, de caráter nitidamente adverbial, podem classificar-se como pronomes relativos se associados a um sintagma nominal precedente. Vejam-se os exemplos.

(106) *A hora* ***quando*** a reunião terminou já estava avançada.

(107) Ainda não entendo *a maneira* ***como*** ele se refere a João.

A taxonomia como *pronomes relativos* se deve, como já exposto, à retomada anafórica do sintagma nominal precedente. Desdobrando-se os períodos compostos em períodos simples, vê-se a função sintática adverbial:

(108) *A hora* já estava avançada. A reunião terminou *nessa hora*.

(109) Ainda não entendo *a maneira*. Ele se refere a João *dessa maneira*.

3.4. Artigo

Normalmente chamados **determinantes** na literatura linguística, os artigos (*o, a, os, as*) são vocábulos clíticos cuja função básica é introduzir o nome substantivo atribuindo-lhe feição determinada.

Exemplos:

(110) ***A*** existência é complexa.

(111) Todos queriam ***o*** cargo.

(112) Eles viram ***as*** garotas no mercado.

(113) ***Os*** aviões partiram às 14h.

Já sabemos que muitos autores, sobretudo os que escrevem livros didáticos para o ensino básico, consideram *artigos* os pronomes indefinidos *um, uma, uns, umas*. Reitera-se não haver problemas quanto a essa percepção, uma vez que artigos têm caráter pronominal, dada a função de introduzir o nome substantivo. Morfossintaticamente, adjetivos, artigos e numerais podem-se considerar **pronomes**, isto é, classes adjuntas do nome.

3.5. Numeral

Numerais são vocábulos que indicam, em relação ao nome substantivo, noções quantitativas. São os seguintes:

a) **cardinais**: indicam quantidade determinada:

(114) ***Quarenta*** pessoas permaneciam no clube.

(115) Faltavam ***dez*** minutos para o término do jogo.

b) **ordinais**: indicam posição ou ordem que uma entidade ocupa numa dada sequência:

(116) A ***primeira*** esposa de José era paraguaia.

(117) Ele foi o ***vigésimo quinto*** candidato a ser chamado.

c) **fracionários**: indicam fração ou porção numa dada quantidade:

(118) ***Metade*** dos moradores aprovou as medidas do prefeito.

(119) ***Um terço*** dos políticos defende a fidelidade partidária[24].

d) **multiplicativos:** indicam multiplicação de uma determinada quantidade:

(120) Ele tinha ***o dobro*** da idade de Joana.

(121) Em comparação com José, você tem ***o triplo*** de chances de obter aprovação.

Também no caso dos numerais multiplicativos, é possível chamá-los *substantivos*, os quais se aproximam semântica e sintaticamente dos partitivos.

4. VERBO

Chama-se *verbo* o vocábulo variável que exprime noção processual (fato, ação, estado, fenômeno da natureza, passagem de um estado a outro, hipótese, vontade, ordem etc.).

Exemplos:

(122) José ***fez*** os exercícios. (ação)

(123) ***Estamos*** esperançosos. (estado)

(124) Maria ***virou*** diretora. (mudança de um estado a outro)

(125) Se você ***quisesse***, nós estudaríamos juntos. (hipótese)

(126) ***Faça*** as tarefas. (ordem ou pedido)

Azeredo (2012: 13) focaliza o aspecto morfossintático do verbo, item lexical cuja peculiaridade "está em ser a base estrutural

---

24 Vocábulos como *metade, maioria, parte* etc. também são chamados substantivos partitivos, o que explica sua posição nuclear no interior de sintagmas nominais.

dos enunciados que utilizamos para relatar fatos, formular ideias, defender um ponto de vista."

Uma característica morfossintática do verbo é admitir as flexões de número (singular e plural) e pessoa (1ª., 2ª. e 3ª.). Essas flexões decorrem da relação entre o verbo e o núcleo do sujeito (explícito ou não na oração); ou seja, o que determina se o verbo deve ou não estar no singular, no plural, na 1ª., 2ª. ou 3ª. pessoa, é a organização sintática da oração. Os pronomes-sujeito (pronomes pessoais do caso reto ou de tratamento e também certos indefinidos) são particularmente importantes para as flexões verbais, visto que, real ou virtualmente, estão sempre gerenciando a concordância[25].

Assim como o nome substantivo funciona como núcleo do sintagma nominal, o verbo funciona como núcleo do sintagma verbal. A estrutura canônica da oração em português (S + V + O) pode também ser representada por dois sintagmas – um nominal e outro verbal.

Esquematicamente, teríamos algo como o quadro abaixo:

<table>
<tr><th colspan="4">ORAÇÃO</th></tr>
<tr><th>SN</th><th colspan="3">SV</th></tr>
<tr><td>I. O menino</td><td colspan="3">adormeceu.</td></tr>
<tr><td>II. O menino</td><td>comeu</td><td colspan="2">a maçã.</td></tr>
<tr><td>III. O menino</td><td>deu</td><td>a maçã</td><td>para o irmão.</td></tr>
</table>

As orações acima mostram três formas distintas de organizar o sintagma verbal: com um verbo intransitivo (I), que por si só já representa um sintagma; com um verbo transitivo direto (II), que forma sintagma com o seu complemento (um sintagma nominal); com um verbo bitransitivo (III), que forma sintagma com seus dois complementos (um SN e um SPrep.).

25 Outra característica importante do verbo é a função sintática de núcleo do predicado, o que só não ocorre, na perspectiva tradicional, com o verbo de ligação.

As variações modo-temporais não têm caráter essencialmente sintático, mas semântico-discursivo. Ou seja, não é a sintaxe que determina o tempo e o modo assumidos pelo verbo dentro do período, e sim os processos enunciativos.

Considerem-se os exemplos:

(127) José ***conserta*** automóveis.

(128) Eu ***conserto*** automóveis.

(129) Nós ***consertávamos*** automóveis.

As sentenças acima se constroem rigorosamente a partir do mesmo paradigma sintático: S + V + O. As distinções morfossintáticas, que implicam alterações no mecanismo de concordância, ficam por conta da 3ª. pessoa do singular em (127), da 1ª. do singular em (128) e da 1ª. do plural em (129). São esses pronomes-sujeito que determinam os morfemas flexionais (número e pessoa) Ø em (127), *-o* em (128) e *-mos* em (129). Além desses morfemas, há os elementos mórficos modo-temporais Ø em (127) e (128) e *-va* em (129), que se encarregam de estabelecer marcações semântico-aspectuais, porém não alteram o processo morfossintático ou gramatical de concordância.

4.1. Vozes verbais

A *voz* é um aspecto semântico assumido pelo verbo em relação a seu sujeito. Não se trata, portanto, de uma "flexão", embora a passagem de uma voz a outra implique alterações morfossintáticas. Dito de outro modo, na passagem da voz ativa para a passiva analítica, por exemplo, não há uma simples flexão, mas sim uma transformação morfossintática geral na sentença, traduzindo-se muitas vezes em alguma alteração semântica.

Por outro lado, só faz sentido falar em *voz* se o verbo exprime noção atitudinal e possui a transitividade direta (ou bitransitiva). Vejam-se estes exemplos:

(130) José ***escreveu*** o projeto.

(131) O projeto ***foi escrito*** por José.

(132) ***Escreveu-se*** o projeto [por José].

(133) José ***se machucou***.

Em (130), o referente do sujeito *ele* (*José*) é autor da ação expressa pela forma verbal; trata-se, portanto, de uma sentença escrita na *voz ativa*. Em (131), o referente do sujeito *ele* (*o projeto*) sofre a ação expressa pela forma verbal perifrástica (verbo *ser* + particípio do verbo principal): a sentença se redige, portanto, na *voz passiva analítica* e o SPrep. *por José* passa a exercer a função sintático-semântica de *agente da passiva*. O exemplo (132), por sua vez, redige-se na *voz passiva sintética*: o referente do sujeito *ele* (*o projeto*) sofre a ação expressa pela forma verbal com o auxílio do pronome apassivador *se*, dependendo a presença ou ausência do agente da passiva (no exemplo, entre colchetes) de motivações estilísticas ou semânticas. Em (133), finalmente, tem-se um exemplo de *voz reflexiva*, visto que o referente do sujeito *ele* (*José*) ao mesmo tempo pratica e sofre a ação expressa pela forma verbal. O pronome *se*, no exemplo, passa a designar-se *reflexivo*.

Eis as estruturas sintáticas das vozes verbais:

a) **voz ativa**: S [sujeito] + VTD [verbo transitivo direto] ou VB [verbo bitransitivo] + OD [objeto direto] (+ OI) [objeto indireto – para verbos bitransitivos].

Exemplos:

(134) Curiosos cercavam a casa.

(135) Os enfermeiros darão chocolates aos pacientes.

b) **voz passiva analítica**: S + verbo *ser* ou *estar* + particípio do verbo principal + agente da passiva.

Exemplos:

(136) A casa estava cercada por curiosos.

(137) Chocolates serão dados aos pacientes pelos enfermeiros.

c) **voz passiva sintética**: VTD ou VB + SE [pronome apassivador] + S + agente da passiva [facultativo].

Exemplos:

(138) Cercava-se a casa [por curiosos].

(139) Dar-se-ão chocolates aos pacientes [pelos enfermeiros].

d) **voz reflexiva**: S + SE [pronome reflexivo] + VTD.

Exemplo:

(140) Os pacientes se pentearam.

No caso acima, os sintagmas-sujeito (os pacientes) e objeto (se) são correferentes, isto é, remetem ao mesmo conteúdo semântico ou referente.

Reis (2001) distingue da voz reflexiva os chamados *verbos recíprocos*, os quais, segundo o autor,

> indicam ação *mútua*, ou *recíproca*. Exemplos: *Nós nos escrevemos frequentemente. – Rosa e Eugênio viam-se e escreviam-se.*
>
> É claro que tais verbos só se podem empregar no plural; são, pois, defectivos quanto ao singular. Não formam tipo especial: são verbos ativos, conjugados reciprocamente. (p. 17)

Talvez não se deva dizer que verbos recíprocos sejam "defectivos quanto ao singular", mas sim que a semântica de reciprocidade implica a flexão de plural.

4.2. Modos verbais

Os *modos* são noções semântico-aspectuais e dizem respeito à perspectiva do enunciador ao expressar os fatos através dos verbos. Vejamos os principais usos considerando tempos simples.

4.2.1. Indicativo

Serve para exprimir um fato de modo concreto, incisivo, independentemente de esse fato ter sido ou não realizado.

Exemplos:

(141) "Meu pai ***montava*** a cavalo, ***ia*** para o campo." [Carlos Drummond de Andrade]

(142) Eu ***iria*** à festa ontem, mas não ***fui***.

4.2.2. Subjuntivo

Serve para exprimir condições, desejos, hipóteses, suposições.

Exemplos:

(143) Se ele ***fosse*** honesto, permaneceria no cargo. (suposição, hipótese)

(144) Tomara que as pessoas ***deem*** mais atenção aos estudos. (desejo)

4.2.3. Imperativo

Serve para expressar ordens ou pedidos.

Exemplo:

(145) "***Vai*** à próxima capela e ***acende*** uma vela pra não passar fome." [Gilberto Gil]

4.3. Tempos verbais

A categoria *tempo* diz respeito à relação das formas verbais com o espaço temporal em que o fato é referido. Contudo, não existe associação perfeita entre o tempo referido pelo verbo e o tempo cronológico, como admite Melo quando afirma que

> (...) na gramática (ou na língua), predomina o elemento psicológico, de tal modo que à tripartição – presente, passado, futuro – se acrescentam modulações interpretativas, afetivas, durativas, que gera subdivisões, variáveis de língua para língua, mas sempre atuantes. (1980: 81)

Muitas vezes é o advérbio, e não o verbo, o responsável pela alusão cronológica. Dessa forma, devem-se entender os tempos verbais como referências muito mais aspectuais do que cronológicas *stricto sensu*. Vejamos alguns exemplos.

(146) Teresa ***sai*** às 11h.

(147) Amanhã ***vou*** à sua casa.

(148) Em 1500, Cabral ***descobre*** a mais bela das nações.

(149) Governo ***autoriza*** pagamento de salários atrasados.

Nas quatro orações acima, o verbo se flexiona no presente do indicativo. Todavia, não há referência a fatos que ocorrem "no momento em que se fala" (definição tradicional para o presente do indicativo). Em (146), o locutor exprime, por meio do verbo, um fato corriqueiro, cotidiano, possivelmente de interesse do interlocutor. Em (147), usa-se o verbo para referir um fato futuro, noção que fica explicitada não pelo verbo, mas pelo advérbio *amanhã*. Em (148), temos o que se convencionou chamar *presente histórico*, isto é, o presente do indicativo servindo para referir um fato que está registrado na memória histórica da sociedade. Em (149), finalmente, tem-se o chamado *presente jornalístico*, utilizado comumente em manchetes ou lides de jornal para aproximar fato narrado e leitor.

Tendo em vista aspectos enunciativos, exemplificam-se a seguir os principais tempos e modos verbais em seus usos mais comuns.

4.3.1. Tempos do indicativo

a) **Presente**: possui funções variadas, conforme exposto acima. Vejam-se mais exemplos.

(150) Governo ***estabelece*** metas para os próximos dois anos.

(151) Em 1808, cerca de 20 mil portugueses ***desembarcam*** no Brasil.

(152) ***Chove*** em Nova Iguaçu enquanto ***escrevo*** estas linhas.

Em (150), dá-se o presente jornalístico; (151) exemplifica o presente histórico; em (152), referem-se fatos que ocorrem no momento em que se fala – noção tradicional para o presente do indicativo.

b) **Pretérito perfeito**: serve principalmente para exprimir um fato passado completamente terminado.

Exemplos:

(153) José ***amassou*** o carro.

(154) ***Fui*** a Duque de Caxias e ***trouxe*** alguns presentes.

(155) "– Não ***tive*** filhos, não ***transmiti*** a nenhuma criatura o legado da nossa miséria." [Machado de Assis]

c) **Pretérito imperfeito**: serve para exprimir fatos recorrentes no passado, em geral associados a noções saudosistas. É um tempo expressivo por excelência, motivo pelo qual aparece frequentemente no gênero artístico-literário.

Exemplos:

(156) "Meu irmão pequeno ***dormia***." [Carlos Drummond de Andrade]

(157) "A casa ***olhava*** para ele." [Machado de Assis]

(158) "Às vezes ***bebia*** e ***cantava*** e quando ***cantava*** me ***parecia*** assim um deus embora o estranhasse porque ***cantava*** em língua estranha." [Lygia Fagundes Telles]

(159) "Sinha Vitória ***retirava*** dali os carvões e a cinza, ***varria*** com um molho de vassourinha o chão queimado, e aquilo ***ficava*** um bom lugar para cachorro descansar." [Graciliano Ramos]

d) **Pretérito mais-que-perfeito**: serve para expressar um fato passado em relação a outro fato, também passado. No português brasileiro atual, praticamente já não existe em sua forma simples, mantendo-se, no entanto, a forma perifrástica.

Exemplos:

(160) "Foi ao gabinete do marido, que já ***devorara*** cinco ou seis jornais, ***escrevera*** dez cartas e retificava a posição de alguns livros nas estantes." [Machado de Assis]

(161) Eu já ***havia feito*** várias anotações quando resolvi escrever a tese.

(162) Maria ***tinha contado*** umas cinco pessoas na sua frente e já estava angustiada.

Em (160), o autor faz uso do pretérito mais-que-perfeito simples: *devorara, escrevera*; em (161) e (162), ocorrem as formas perifrásticas, predominantes no Brasil: *havia feito*, equivalente à forma sintética *fizera*, e *tinha contado*, correspondente a *contara*.

e) **Futuro do pretérito**: outrora chamado de *condicional*, exprime um fato não realizado, porém em referência ao passado. Confira-se a argumentação de G. C. de Melo:

> Durante muito tempo se chamou condicional às formas verbais em -ria (amaria, deveria, aplaudiria), entendendo-se, além disso, que tais formas constituíam um modo. Vai nisso engano, há muito combatido por linguistas, filólogos e bons gramáticos. A conclusão resultou de análise falaciosa. Com efeito, quando digo "se eu tivesse dinheiro, compraria uma casa", a condição não está no "comprar", mas no "ter dinheiro". Se eu transformasse a hipótese, posta no passo psicológico, em um futuro contingente mas visto como real, surgirá, em lugar do "compraria", "comprarei": "quando eu tiver dinheiro, *comprarei* uma casa". (1980: 41)

O futuro do pretérito possui vários usos especiais. Vejamos alguns.

– Forma educada de pedir algo:

(163) ***Gostaria*** de falar com o Sr. José.

– Marcador de oração principal acompanhada de oração adverbial hipotética ou condicional:

(164) Se o encontrasse na rua, certamente lhe ***daria*** um abraço.

– Expressão de dúvida, incerteza ou curiosidade:

(165) O que ***passaria*** pela cabeça de José naquele momento?

– Uso comum – fato não realizado em relação ao passado:

(166) O atacante ***participaria*** do jogo de sábado, mas acabou se contundindo.

f) **Futuro do presente**: exprime um fato ainda não realizado. A exemplo do mais-que-perfeito, também é pouco usado no Brasil em sua forma sintética, sendo substituído quase sempre por locuções verbais.

Exemplos:

(167) Ele ***fará*** uma viagem a São Paulo. (futuro do presente sintético)

(168) ***Vou estabelecer*** algumas diretrizes para o meu trabalho. (futuro do presente perifrástico)

(169) Ficou acertado que ela ***vai declamar*** poemas na reunião de amanhã. (futuro do presente perifrástico)

APÊNDICE: TEMPOS COMPOSTOS E LOCUÇÕES VERBAIS

O fato de os *tempos compostos* serem confundidos com outras *locuções verbais* é relativamente simples de entender, já que, em ambos os casos, dão-se formas perifrásticas. A confusão se desfaz quando se percebe nos tempos compostos a inflexibilidade do particípio, o que não ocorre em outras locuções nas quais o particípio agasalha flexões de gênero e número[26]. Vejam-se estes exemplos:

(170) José ***foi abandonado*** pela esposa.

(171) José ***tem chorado*** muito.

(172) José ***havia bebido*** nos bares.

(173) José ***está afastado*** da faculdade.

26 O que, inclusive, os descaracteriza como *formas verbais autênticas*, uma vez que os verbos são tipicamente inflexionáveis quanto ao gênero.

Em (170), tem-se a locução caracterizadora da voz passiva analítica, com verbo *ser* mais particípio do verbo principal. Trata-se de uma perífrase verbal "desqualificada", por assim dizer, em virtude da possibilidade das flexões nominais de gênero e número, o que, reitera-se, não é próprio dos verbos. Confira-se:

(174) Maria ***foi abandonada*** pelo marido.

(175) Maria e José ***foram abandonados*** pelos filhos.

Em (171), tem-se o pretérito perfeito composto – autêntica perífrase verbal em que apenas o verbo auxiliar é flexionável, permanecendo o particípio inflexionável, não obstante as marcas gramaticais de gênero e número do pronome-sujeito:

(176) Maria ***tem chorado*** muito.

(177) Maria e José ***têm chorado*** muito.

Em (172), dá-se o pretérito mais-que-perfeito composto, também autêntica perífrase verbal cujo verbo auxiliar é flexionável em número e pessoa e o particípio, inflexionável quanto a gênero e número:

(178) Maria ***havia bebido*** nos bares.

(179) Maria e José ***haviam bebido*** nos bares.

Em (173), por fim, tem-se mais uma vez a possibilidade de flexionar-se o particípio em gênero e número, como ocorre em (170), o que desfaz qualquer associação a um tempo composto. Veja-se:

(180) Maria ***está afastada*** da faculdade.

(181) Maria e José ***estão afastados*** da faculdade.

As perífrases verbais com infinitivo impessoal e gerúndio, formas nominais inflexionáveis, não se devem confundir com tempos compostos, os quais se constroem unicamente com o particípio. Vejam-se a seguir.

(182) Maria ***está trabalhando*** na farmácia.

(183) José ***vai trabalhar*** na farmácia.

(184) Maria e José ***estão trabalhando*** na farmácia, mas em breve ***vão trabalhar*** no supermercado.

Como se vê, os exemplos (182), (183) e (184) são construídos com locuções verbais, e não tempos compostos.

4.3.2. Tempos do subjuntivo

a) **Pretérito imperfeito e futuro**: servem basicamente para exprimir suposições, hipóteses, possibilidades. São tempos que aparecem ordinariamente em orações subordinadas adverbiais, necessitando-se, portanto, de outra oração, chamada *regente, principal* ou *subordinante.*

Exemplos:

(185) *Se **houvesse*** [pretérito imperfeito] *mais consciência,* as coisas não seriam tão difíceis.

(186) *Quando **chegarmos*** [futuro] *à sintaxe estrita,* estaremos mais seguros acerca da metalinguagem gramatical.

b) **Presente**: a principal serventia é exprimir desejo, vontade, o que faz com que esse tempo apareça regularmente em orações optativas.

Exemplos:

(187) Oxalá[27] o ano que vem ***seja*** melhor.

(188) Que tudo ***dê*** certo.

(189) Que Deus o ***tenha*** em bom lugar.

4.4. Formação e uso do imperativo

Os verbos pertencentes ao modo imperativo servem para dar ordens ou fazer pedidos:

---

27 Representando uma expressão árabe, passou para o português um termo que só gente vivendo entre muçulmanos podia usar, tendo-lhe perdido o sentido original: *oxalá!* "Se Alá quiser!" (Silva Neto, 1979: 343)

(190) ***Tome*** o seu café (imperativo afirmativo), mas ***não demore*** (imperativo negativo).

Se atentarmos para a variedade padrão da língua, a formação do imperativo merece especial atenção, dada a necessidade culta de uniformidade de tratamento. A base morfológica são os tempos do presente. No caso do imperativo afirmativo, as segundas pessoas vêm do presente do indicativo, caindo o '*s*' final; o restante das pessoas vem sem alterações do presente do subjuntivo. Quanto ao imperativo negativo, todas as formas provêm do presente do subjuntivo, tal como lá aparecem. Vejamos.

1ª. Conjugação: CANT-A-R

pessoa pronominal	presente do indicativo	presente do subjuntivo	imperativo afirmativo	imperativo negativo
1ª. do singular	canto	cante	-----	-----
2ª. do singular	cantas	cantes	**canta** (tu)	**não cantes** (tu)
3ª. do singular	canta	cante	**cante** (você)	**não cante** (você)
1ª. do plural	cantamos	cantemos	**cantemos** (nós)	**não cantemos** (nós)
2ª. do plural	cantais	canteis	**cantai** (vós)	**não canteis** (vós)
3ª. do plural	cantam	cantem	**cantem** (vocês)	**não cantem** (vocês)

A primeira conjugação abrange a maioria dos verbos portugueses e se caracteriza pela vogal temática verbal ***-a*** (pass-**a**-r, cant-**a**-r, am-**a**-r etc.); a segunda conjugação concerne a um grupo intermediário de verbos e se caracteriza pela vogal temática ***-e*** (bat-**e**-r, cresc-**e**-r, vend-**e**-r etc.); a terceira conjugação representa um grupo reduzido de verbos e se caracteriza pela vogal temática ***-i*** (part-**i**-r, ag-**i**-r, nutr-**i**-r etc.). O verbo *pôr* (lat., *ponere*) e seus derivados (*compor, dispor, repor* etc.) se inserem na segunda conjugação[28].

2ª. Conjugação: VEND-E-R

pessoa pronominal	**presente do indicativo**	**presente do subjuntivo**	**imperativo afirmativo**	**imperativo negativo**
1ª. do singular	vendo	venda	-----	-----
2ª. do singular	vendes	vendas	**vende** (tu)	**não vendas** (tu)
3ª. do singular	vende	venda	**venda** (você)	**não venda** (você)
1ª. do plural	vendemos	vendamos	**vendamos** (nós)	**não vendamos** (nós)
2ª. do plural	vendeis	vendais	**vendei** (vós)	**não vendais** (vós)
3ª. do plural	vendem	vendam	**vendam** (vocês)	**não vendam** (vocês)

28 Apesar dessa perspectiva corrente, Azeredo (2012: 15) afirma ser falho o argumento, uma vez que "muitos verbos oscilaram entre a segunda e a terceira conjugações ao longo da história."

3ª. Conjugação: PART-I-R

pessoa pronominal	presente do indicativo	presente do subjuntivo	imperativo afirmativo	imperativo negativo
1ª. do singular	parto	parta	-----	-----
2ª. do singular	partes	partas	**parte** (tu)	**não partas** (tu)
3ª. do singular	parte	parta	**parta** (você)	**não parta** (você)
1ª. do plural	partimos	partamos	**partamos** (nós)	**não partamos** (nós)
2ª. do plural	partis	partais	**parti** (vós)	**não partais** (vós)
3ª. do plural	partem	partam	**partam** (vocês)	**não partam** (vocês)

A estrutura acima vale, inclusive, para os verbos irregulares, que não obedecem ao paradigma regular de conjugação. Veja-se abaixo a tabela do verbo irregular FAZ-E-R.

pessoa pronominal	presente do indicativo	presente do subjuntivo	imperativo afirmativo	imperativo negativo
1ª. do singular	faço	faça	-----	-----
2ª. do singular	fazes	faças	**faze** [ou ***faz***] (tu)	**não faças** (tu)
3ª. do singular	faz	faça	**faça** (você)	**não faça** (você)
1ª. do plural	fazemos	façamos	**façamos** (nós)	**não façamos** (nós)
2ª. do plural	fazeis	façais	**fazei** (vós)	**não façais** (vós)
3ª. do plural	fazem	façam	**façam** (vocês)	**não façam** (vocês)

Como é possível notar, o radical da primeira pessoa do singular do presente do indicativo dá origem ao presente do subjuntivo.

O verbo *ser* (um dos dois verbos **anômalos** portugueses [*ser* e *ir*]) apresenta formas especiais para as segundas pessoas no imperativo afirmativo. Veja-se a tabela.

pessoa pronominal	presente do indicativo	presente do subjuntivo	imperativo afirmativo	imperativo negativo
1ª. do singular	sou	seja	-----	-----
2ª. do singular	és	sejas	**sê** (tu)	**não sejas** (tu)
3ª. do singular	é	seja	**seja** (você)	**não seja** (você)
1ª. do plural	somos	sejamos	**sejamos** (nós)	**não sejamos** (nós)
2ª. do plural	sois	sejais	**sede** (vós)	**não sejais** (vós)
3ª. do plural	são	sejam	**sejam** (vocês)	**não sejam** (vocês)

As dificuldades enfrentadas pelos alunos no estudo dos verbos decorrem, em grande parte, da clara distinção entre os pronomes-sujeito do português europeu e os do português brasileiro. Em Portugal, continua valendo o sistema tradicional de pronomes-sujeito: *eu, tu, ele, nós, vós, eles*; no Brasil, por conta de aspectos vários da nossa história linguística, criou-se na maior parte do país um novo sistema de pronomes-sujeito, com predomínio flexional da terceira pessoa: *eu, você, ele, a gente, nós, vocês, eles.*[29]

Se a escola insistir em trabalhar somente com um sistema pronominal que não é nosso, é claro que os estudantes continuarão enxergando os verbos como matéria exótica, surrealista, que

29 Hodiernamente, na oralidade das regiões sul e sudeste, o pronome *tu* parece concorrer com o pronome *você* no tratamento dado ao interlocutor; ambos, porém, com flexão verbal prevalente na terceira pessoa do singular.

só interessa à feitura de testes e provas, pouco se relacionando à nossa realidade.

4.5. Verbos regulares e irregulares

Regulares (lat., *regula*: *régua, retidão*) são verbos que obedecem ao paradigma regular de conjugação. Segundo Azeredo (2012), os verbos *passar, bater* e *partir* são "cem por cento regulares e representam as três conjugações da língua portuguesa" (p. 7). Conjugado o verbo regular em todos os tempos do indicativo e do subjuntivo, mantém-se inalterado o radical.

Os verbos que possuem uma ou mais flexões que desobedeçam ao paradigma regular de conjugação são chamados **irregulares**: *dar, dizer, fazer, ouvir* etc. Há, porém, gradações no conceito de irregularidade, podendo-se enxergar verbos fracamente irregulares (*ansiar, sumir* etc.), verbos fortemente irregulares (*trazer, caber* etc.) e verbos anômalos (cf. Azeredo, *op. cit.*, pp. 19-21).

4.6. Verbos abundantes

São os que possuem mais de uma forma para uma mesma flexão (*faze* e *faz*, por exemplo, para a segunda pessoa do singular do imperativo afirmativo do verbo ***fazer***, já citado aqui).

Normalmente se considera *abundante* o verbo que possui dois particípios – um longo, regular, e outro curto, irregular. O particípio regular em geral se usa na voz ativa; o irregular, na voz passiva.

Exemplos:

(191) José ***tem pagado*** suas contas em dia.

(***pagado***: particípio regular do verbo *pagar*)

(192) As contas de José ***têm sido pagas*** em dia.

(***pago***[**a-s**]: particípio irregular do verbo *pagar*)

(193) Maria ***tem libertado*** os pássaros.

(***libertado***: particípio regular do verbo *libertar*)

(194) Os pássaros ***têm sido libertos*** por Maria.
(***libertos[a-s]***: particípio irregular do verbo *libertar*)

Vejamos abaixo alguns verbos considerados *abundantes*, dadas as duas formas participiais.

1ª. Conjugação		
infinitivo	**particípio regular**	**particípio irregular**
aceitar	aceitado	aceito
expressar	expressado	expresso
isentar	isentado	isento
salvar	salvado	salvo
expulsar	expulsado	expulso
2ª. Conjugação		
infinitivo	**particípio regular**	**particípio irregular**
acender	acendido	aceso
eleger	elegido	eleito
morrer	morrido	morto
prender	prendido	preso
suspender	suspendido	suspenso
3ª. Conjugação		
infinitivo	**particípio regular**	**particípio irregular**
imergir	imergido	imerso
extinguir	extinguido	extinto
imprimir	imprimido	impresso
omitir	omitido	omisso
submergir	submergido	submerso

Note-se a possibilidade das flexões de gênero e número no particípio irregular ou curto: *boleto* ***pago***, *boletos* ***pagos***, *conta* ***paga***, *contas* ***pagas***. Trata-se, como amplamente argumentado aqui, de flexões incompatíveis com a morfologia verbal, o que parece comprovar o fato de os particípios irregulares serem, na verdade, adjetivos. Confiram-se mais exemplos.

(195) José exige que o juiz seja ***isento*** para avaliar o caso.

(196) João se sentia ***preso*** àquela teoria.

(197) Pedro foi ***omisso*** diante de tanta injustiça.

4.7. Verbos defectivos

São os que não possuem flexão para todas as pessoas pronominais. Normalmente, a defectividade de um verbo decorre da pronúncia cacofônica[30] da primeira pessoa do singular do presente do indicativo. Exemplos: ***colorir*** *(eu "coloro")*, ***abolir*** *(eu "abolo")*, ***feder*** *(eu "fedo")* etc.

Além da defectividade caracterizada pela ausência da primeira pessoa do singular do presente do indicativo, Azeredo (2012: 22) focaliza verbos cujo presente do indicativo se resume à primeira e à segunda pessoas do plural (na perspectiva do autor, defectividade 2: *falir* e *precaver*) e verbos que só se empregam na terceira pessoa (também segundo o autor, defectividade 3: *doer*, *grassar*, entre outros).

4.8. Verbos unipessoais

São os que se flexionam somente na pessoa não marcada ou neutra (3ª. pessoa do singular), caso, por exemplo, dos chamados *verbos meteorológicos*: *chover*, *trovejar*, *ventar* etc.

Adota-se aqui a qualificação **unipessoal** em virtude da flexão única na terceira pessoa do singular. É comum, todavia, que esse tipo de verbo seja chamado *impessoal* por não se associar a uma sequência de conjugação a partir das seis pessoas pronominais.

O verbo *haver* no sentido de *existir* ou *acontecer*, por exemplo, deveria também chamar-se *unipessoal*, visto que só se flexiona na pessoa não marcada. Logo, as orações em que esse verbo aparece, classificadas como *orações sem sujeito*, na verdade teriam sujeito: a terceira pessoa do singular (abandonando qualquer vinculação semântica à função sintática intitulada *sujeito*).

---

30 *caco* (grego: *ruim*, *desagradável*)

Por razões estritamente estilísticas, consideram-se também *unipessoais* (agasalhando-se, no entanto, a flexão na terceira pessoa do plural) verbos como *urgir* e *convir* e outros que expressam sons produzidos por animais não humanos.[31] Confiram-se as sentenças.

(198) O cavalo ***galopava*** rapidamente.

(199) ***Urgem*** medidas rápidas para conter a pandemia.

(200) ***Convém*** adotar medidas urgentes.

4.9. Verbos pronominais

São verbos conjugados já com o pronome, o qual não exerce qualquer função sintática[32]. Exemplos: *apaixonar-se, queixar-se, suicidar-se* etc. Há, no entanto, certos verbos que variam quanto à presença ou ausência do pronome: *esquecer* ou *esquecer-se, lembrar* ou *lembrar-se* etc., tratando-se de verbos que podem ou não ser chamados *pronominais*.

Outros verbos, classicamente pronominais, têm sido conjugados sem pronome: *casar-se* (*casar*), *sentar-se* (*sentar*) etc. Confiram-se algumas sentenças.

(201) José e Maria ***se casaram*** ontem.

(202) José e Maria ***casaram*** ontem.

(203) Teresa ***se sentou*** no banco da praça.

(204) Teresa ***sentou*** no banco da praça.

(205) José ***se esqueceu*** da carteira no escritório.

(206) José ***esqueceu*** a carteira no escritório.

As orações (201) e (203), dada a presença dos pronomes, representam formas verbais mais estreitadas com a variedade padrão da língua, ao passo que as sentenças (202) e (204) se

31 Usos metafóricos, bastante comuns a propósito, desfazem a unipessoalidade dos verbos, mesmo dos que exprimem fenômeno da natureza. Exemplo: Os turistas ***anoiteceram*** na cidade.

32 No caso, o pronome se qualifica como *parte integrante do verbo*.

aproximam do uso popular, que tende a desfazer a pronominalização verbal.

A comparação entre (205) e (206), por seu turno, não aponta para níveis de formalidade do idioma ou variação linguística, visto que se registra uso pronominal e não pronominal do verbo *esquecer*, com regências distintas, ambas acolhidas por gramáticos mais ortodoxos.

Em síntese, é possível afirmar o seguinte: entre '*Ele se sentou na cadeira*' e '*Ele sentou na cadeira*', há uma diminuição no nível de formalidade; entre '*Ele se esqueceu dos livros*' e '*Ele esqueceu os livros*', o nível de formalidade é o mesmo.

4.10. Formas nominais do verbo

Trata-se de verbos que se modificam morfológica ou morfossintaticamente (*-ndo* para o gerúndio; *-do* para o particípio; morfemas número-pessoais para infinitivo pessoal) ou se mantêm em sua forma primária (infinitivo impessoal) para exercer funções sintáticas adjuntas ou núcleo-nominais. São as seguintes:

4.10.1. Infinitivo

Substitui normalmente o nome substantivo.

Exemplos:

(207) ***Viver*** é ***lutar***.

RAD	VTV	MI[33]
viv	e	r
lut	a	r

(208) É preciso ***saber*** a hora de ***partir***.

RAD	VTV	MI
sab	e	r
part	i	r

33 Na sequência, *radical*, *vogal temática verbal* e *morfema de infinitivo*.

O português é a única língua moderna que possui o infinitivo pessoal, que nada mais é do que a forma do infinitivo impessoal acompanhada dos morfemas de número e pessoa[34]. Convém, entretanto, não confundir esse nosso infinitivo idiossincrático com o futuro do subjuntivo, já que, no caso dos verbos regulares, as formas são homônimas. Vejam-se abaixo os dois casos:

Verbo CANT-A-R – Futuro do subjuntivo

conjunções e pronomes-sujeito	**RAD**	**VTV**	**MMT**	**MNP**[35]
se/quando eu	cant	a	r	Ø
se/quando tu	cant	a	r	es
se/quando ele	cant	a	r	Ø
se/quando nós	cant	a	r	mos
se/quando vós	cant	a	r	des
se/quando eles	cant	a	r	em

Verbo CANT-A-R – Infinitivo pessoal

pronomes-sujeito	**RAD**	**VTV**	**MI**	**MNP**
eu	cant	a	r	Ø
tu	cant	a	r	es
ele	cant	a	r	Ø
nós	cant	a	r	mos
vós	cant	a	r	des
eles	cant	a	r	em

Exemplos:

(209) Quando ***cantares*** tua música, faze com emoção.

(210) É necessário ***cantares*** tua música com emoção.

34 A bem da verdade, trata-se de uma característica do galego-português que se manteve em nossa língua.

35 Na sequência, *radical, vogal temática verbal, morfema de modo e tempo, morfema de número e pessoa.*

O exemplo (209) mostra o verbo *cantar* flexionado no futuro do subjuntivo, enquanto (210) exemplifica o mesmo verbo no infinitivo pessoal, com morfema número-pessoal de 2ª. pessoa do singular.

No caso dos verbos irregulares, a diferença mórfica entre as duas conjugações fica explicitada no radical:

Verbo QUER-E-R – Futuro do subjuntivo

conjunções e pronomes-sujeito	RAD	VTV	MMT	MNP
se/quando eu	quis	e	r	Ø
se/quando tu	quis	e	r	es
se/quando ele	quis	e	r	Ø
se/quando nós	quis	e	r	mos
se/quando vós	quis	e	r	des
se/quando eles	quis	e	r	em

Verbo QUER-E-R – Infinitivo pessoal

pronomes	RAD	VTV	MI	MNP
eu	quer	e	r	Ø
tu	quer	e	r	es
ele	quer	e	r	Ø
nós	quer	e	r	mos
vós	quer	e	r	des
eles	quer	e	r	em

Exemplos:

(211) Se ***quiserdes*** viver, obedecei às orientações dos médicos.

(212) É lícito ***quererdes*** para os outros o que desejais para vós.

Exemplificam-se acima o verbo *querer* devidamente conjugado no futuro do subjuntivo (211) e o mesmo verbo em sua forma infinitiva pessoal (212).

4.10.2. Particípio

Substitui normalmente o adjetivo, admitindo, inclusive, as flexões de gênero e número.

Exemplos:

(213) José foi ***afastado*** do emprego.

(214) Maria foi ***afastada*** do emprego.

(215) José e Maria foram ***afastados*** do emprego.

RAD	VTV	MP
afast	a	do

(216) José está ***perdido***.

(217) *Maria* está ***perdida***.

(218) José e Maria estão ***perdidos***.

RAd	VTV	MP[36]
perd	i	do

(219) Maria teve sua vida ***destruída***.

(220) José teve seu destino ***destruído***.

(221) Maria e José tiveram seus destinos ***destruídos***.

RAD	VTV	MP
destru	í	do

36 Na sequência, *radical, vogal temática verbal alomorfe* (alteração mórfica na vogal temática verbal, que em sua forma inalterada é *-e,* do *verbo* perd-e-r), *morfema de particípio.*

4.10.3. Gerúndio

Substitui normalmente o advérbio, aparecendo em perífrases verbais ou orações subordinadas.

Exemplos:

(222) José *estava* ***falando*** com Maria.

(223) José *continua* ***bebendo*** cerveja.

(224) Maria chegou à casa de José ***abrindo*** lentamente o portão.

RAD	VTV	MG[37]
fal	a	ndo
beb	e	ndo
abr	i	ndo

Devido a sua feição semântica de *fato em processo*, o gerúndio tem sido usado com certo exagero em algumas locuções prolixas e bastante estranhas às conjugações verbais portuguesas. Assim, nos serviços gerais que atendem ao grande público, por exemplo, o gerúndio aparece junto a um infinitivo, que por sua vez já aparece numa perífrase com um verbo auxiliar. Vejam-se abaixo os exemplos:

(225) Senhor, ***vamos estar encaminhando*** a sua solicitação para o setor responsável.

(226) A UFRRJ ***vai estar promovendo*** neste fim de semana uma palestra com o antropólogo José de Sousa.

Parece que esse tipo esdrúxulo de perífrase tem como escopo principal levar o interlocutor a *perceber* ou *sentir* um fato futuro como algo já em processo de realização; ou seja, em vez de "erro" de língua padrão, tudo indica tratar-se de uma estratégia discursiva. Mas talvez haja necessidade de pesquisas maiores para que

37 Morfema de gerúndio.

se chegue a conclusões mais precisas sobre os usos do gerúndio em perífrases de uso geral no português brasileiro moderno.

4.11. Tábuas de conjugação dos verbos regulares

4.11.1. Primeira conjugação

Modelo: CANT-A-R

INDICATIVO – TEMPOS SIMPLES

a) Presente

pronomes-sujeito		RAD	VTV	MMT	MNP
1ª. pessoa do singular	eu	cant	Ø	Ø	o
2ª. pessoa do singular	tu	cant	a	Ø	s
3ª. pessoa do singular	você	cant	a	Ø	Ø
3ª. pessoa do singular	ele	cant	a	Ø	Ø
3ª. pessoa do singular	a gente	cant	a	Ø	Ø
1ª. pessoa do plural	nós	cant	a	Ø	mos
2ª. pessoa do plural	vós	cant	a	Ø	is
3ª. pessoa do plural	vocês	cant	a	Ø	m
3ª. pessoa do plural	eles	cant	a	Ø	m

b) Pretérito perfeito

pronomes-sujeito		RAD	VTV	MMT	MNP
1ª. pessoa do singular	eu	cant	e	Ø	i
2ª. pessoa do singular	tu	cant	a	Ø	ste
3ª. pessoa do singular	você	cant	o	Ø	u
3ª. pessoa do singular	ele	cant	o	Ø	u
3ª. pessoa do singular	a gente	cant	o	Ø	u
1ª. pessoa do plural	nós	cant	a	Ø	mos
2ª. pessoa do plural	vós	cant	a	Ø	stes
3ª. pessoa do plural	vocês	cant	a	Ø	ram
3ª. pessoa do plural	eles	cant	a	Ø	ram

No pretérito perfeito do indicativo, há VTV alomorfe na 1ª. pessoa do singular e na 3ª. pessoa do singular.

O presente e o pretérito perfeito do indicativo são tempos primitivos; os demais tempos, tanto do indicativo quanto do subjuntivo, são derivados.

c) **Pretérito imperfeito**

pronomes-sujeito		RAD	VTV	MMT	MNP
1ª. pessoa do singular	eu	cant	a	va	Ø
2ª. pessoa do singular	tu	cant	a	va	s
3ª. pessoa do singular	você	cant	a	va	Ø
3ª. pessoa do singular	ele	cant	a	va	Ø
3ª. pessoa do singular	a gente	cant	a	va	Ø
1ª. pessoa do plural	nós	cant	á	va	mos
2ª. pessoa do plural	vós	cant	á	ve	is
3ª. pessoa do plural	vocês	cant	a	va	m
3ª. pessoa do plural	eles	cant	a	va	m

Obs.: MMT alomorfe na segunda pessoa do plural.

d) **Pretérito mais-que-perfeito**

pronomes-sujeito		RAD	VTV	MMT	MNP
1ª. pessoa do singular	eu	cant	a	ra	Ø
2ª. pessoa do singular	tu	cant	a	ra	s
3ª. pessoa do singular	você	cant	a	ra	Ø
3ª. pessoa do singular	ele	cant	a	ra	Ø
3ª. pessoa do singular	a gente	cant	a	ra	Ø
1ª. pessoa do plural	nós	cant	á	ra	mos
2ª. pessoa do plural	vós	cant	á	re	is
3ª. pessoa do plural	vocês	cant	a	ra	m
3ª. pessoa do plural	eles	cant	a	ra	m

Obs.: MMT alomorfe na segunda pessoa do plural.

e) **Futuro do pretérito**

pronomes-sujeito		RAD	VTV	MMT	MNP
1ª. pessoa do singular	eu	cant	a	ria	Ø
2ª. pessoa do singular	tu	cant	a	ria	s
3ª. pessoa do singular	você	cant	a	ria	Ø
3ª. pessoa do singular	ele	cant	a	ria	Ø
3ª. pessoa do singular	a gente	cant	a	ria	Ø
1ª. pessoa do plural	nós	cant	a	ría	mos
2ª. pessoa do plural	vós	cant	a	ríe	is
3ª. pessoa do plural	vocês	cant	a	ria	m
3ª. pessoa do plural	eles	cant	a	ria	m

Obs.: MMT alomorfe na segunda pessoa do plural.

f) **Futuro do presente**

pronomes-sujeito		RAD	VTV	MMT	MNP
1ª. pessoa do singular	eu	cant	a	re	i
2ª. pessoa do singular	tu	cant	a	rá	s
3ª. pessoa do singular	você	cant	a	rá	Ø
3ª. pessoa do singular	ele	cant	a	rá	Ø
3ª. pessoa do singular	a gente	cant	a	rá	Ø
1ª. pessoa do plural	nós	cant	a	re	mos
2ª. pessoa do plural	vós	cant	a	re	is
3ª. pessoa do plural	vocês	cant	a	rã	o
3ª. pessoa do plural	eles	cant	a	rã	o

Não há regularidade nos morfemas de modo e tempo no futuro do presente do indicativo.

As qualificações ***rizotônicas*** e ***arrizotônicas***, atribuídas às formas verbais, pertencem ao campo fonético, e não ao morfossintático. Diz-se *rizotônico* o verbo cujo acento tônico (e não *gráfico*, sublinhe-se) recai no radical, como, por exemplo, *canto, cantas*; diz-se *arrizotônico* o verbo cujo acento tônico recai na terminação (morfemas posteriores ao radical), como *cantamos, cantaria, cantarão*.

SUBJUNTIVO – TEMPOS SIMPLES

a) Presente

pronomes-sujeito		**RAD**	**VTV**	**MMT**	**MNP**
1ª. pessoa do singular	eu	cant	Ø	e	Ø
2ª. pessoa do singular	tu	cant	Ø	e	s
3ª. pessoa do singular	você	cant	Ø	e	Ø
3ª. pessoa do singular	ele	cant	Ø	e	Ø
3ª. pessoa do singular	a gente	cant	Ø	e	Ø
1ª. pessoa do plural	nós	cant	Ø	e	mos
2ª. pessoa do plural	vós	cant	Ø	e	is
3ª. pessoa do plural	vocês	cant	Ø	e	m
3ª. pessoa do plural	eles	cant	Ø	e	m

b) Pretérito imperfeito

pronomes-sujeito		**RAD**	**VTV**	**MMT**	**MNP**
1ª. pessoa do singular	eu	cant	a	sse	Ø
2ª. pessoa do singular	tu	cant	a	sse	s
3ª. pessoa do singular	você	cant	a	sse	Ø
3ª. pessoa do singular	ele	cant	a	sse	Ø
3ª. pessoa do singular	a gente	cant	a	sse	Ø
1ª. pessoa do plural	nós	cant	á	sse	mos
2ª. pessoa do plural	vós	cant	á	sse	is
3ª. pessoa do plural	vocês	cant	a	sse	m
3ª. pessoa do plural	eles	cant	a	sse	m

c) Futuro

pronomes-sujeito		RAD	VTV	MMT	MNP
1ª. pessoa do singular	eu	cant	a	r	Ø
2ª. pessoa do singular	tu	cant	a	r	es
3ª. pessoa do singular	você	cant	a	r	Ø
3ª. pessoa do singular	ele	cant	a	r	Ø
3ª. pessoa do singular	a gente	cant	a	r	Ø
1ª. pessoa do plural	nós	cant	a	r	mos
2ª. pessoa do plural	vós	cant	a	r	des
3ª. pessoa do plural	vocês	cant	a	r	em
3ª. pessoa do plural	eles	cant	a	r	em

INDICATIVO – TEMPOS COMPOSTOS

a) Pretérito perfeito

pronomes-sujeito		conjugação
1ª. pessoa do singular	eu	tenho cantado
2ª. pessoa do singular	tu	tens cantado
3ª. pessoa do singular	você	tem cantado
3ª. pessoa do singular	ele	tem cantado
3ª. pessoa do singular	a gente	tem cantado
1ª. pessoa do plural	nós	temos cantado
2ª. pessoa do plural	vós	tendes cantado
3ª. pessoa do plural	vocês	têm cantado
3ª. pessoa do plural	eles	têm cantado

b) Pretérito mais-que-perfeito

pronomes-sujeito		conjugação
1ª. pessoa do singular	eu	tinha cantado
2ª. pessoa do singular	tu	tinhas cantado
3ª. pessoa do singular	você	tinha cantado
3ª. pessoa do singular	ele	tinha cantado
3ª. pessoa do singular	a gente	tinha cantado
1ª. pessoa do plural	nós	tínhamos cantado
2ª. pessoa do plural	vós	tínheis cantado
3ª. pessoa do plural	vocês	tinham cantado
3ª. pessoa do plural	eles	tinham cantado

c) Futuro do pretérito

pronomes-sujeito		conjugação
1ª. pessoa do singular	eu	teria cantado
2ª. pessoa do singular	tu	terias cantado
3ª. pessoa do singular	você	teria cantado
3ª. pessoa do singular	ele	teria cantado
3ª. pessoa do singular	a gente	teria cantado
1ª. pessoa do plural	nós	teríamos cantado
2ª. pessoa do plural	vós	teríeis cantado
3ª. pessoa do plural	vocês	teriam cantado
3ª. pessoa do plural	eles	teriam cantado

d) Futuro do presente

pronomes-sujeito		conjugação
1ª. pessoa do singular	eu	terei cantado
2ª. pessoa do singular	tu	terás cantado
3ª. pessoa do singular	você	terá cantado
3ª. pessoa do singular	ele	terá cantado
3ª. pessoa do singular	a gente	terá cantado
1ª. pessoa do plural	nós	teremos cantado
2ª. pessoa do plural	vós	tereis cantado
3ª. pessoa do plural	vocês	terão cantado
3ª. pessoa do plural	eles	terão cantado

SUBJUNTIVO – TEMPOS COMPOSTOS

a) Pretérito perfeito

pronomes-sujeito		conjugação
1ª. pessoa do singular	eu	tenha cantado
2ª. pessoa do singular	tu	tenhas cantado
3ª. pessoa do singular	você	tenha cantado
3ª. pessoa do singular	ele	tenha cantado
3ª. pessoa do singular	a gente	tenha cantado
1ª. pessoa do plural	nós	tenhamos cantado
2ª. pessoa do plural	vós	tenhais cantado
3ª. pessoa do plural	vocês	tenham cantado
3ª. pessoa do plural	eles	tenham cantado

b) Pretérito mais-que-perfeito

pronomes-sujeito		conjugação
1ª. pessoa do singular	eu	tivesse cantado
2ª. pessoa do singular	tu	tivesses cantado
3ª. pessoa do singular	você	tivesse cantado
3ª. pessoa do singular	ele	tivesse cantado
3ª. pessoa do singular	a gente	tivesse cantado
1ª. pessoa do plural	nós	tivéssemos cantado
2ª. pessoa do plural	vós	tivésseis cantado
3ª. pessoa do plural	vocês	tivessem cantado
3ª. pessoa do plural	eles	tivessem cantado

c) Futuro

pronomes-sujeito		conjugação
1ª. pessoa do singular	eu	tiver cantado
2ª. pessoa do singular	tu	tiveres cantado
3ª. pessoa do singular	você	tiver cantado
3ª. pessoa do singular	ele	tiver cantado
3ª. pessoa do singular	a gente	tiver cantado
1ª. pessoa do plural	nós	tivermos cantado
2ª. pessoa do plural	vós	tiverdes cantado
3ª. pessoa do plural	vocês	tiverem cantado
3ª. pessoa do plural	eles	tiverem cantado

4.11.2. Segunda conjugação

Modelo: BEB-E-R

INDICATIVO – TEMPOS SIMPLES

a) **Presente**

pronomes-sujeito		**RAD**	**VTV**	**MMT**	**MNP**
1ª. pessoa do singular	eu	beb	Ø	Ø	o
2ª. pessoa do singular	tu	beb	e	Ø	s
3ª. pessoa do singular	você	beb	e	Ø	Ø
3ª. pessoa do singular	ele	beb	e	Ø	Ø
3ª. pessoa do singular	a gente	beb	e	Ø	Ø
1ª. pessoa do plural	nós	beb	e	Ø	mos
2ª. pessoa do plural	vós	beb	e	Ø	is
3ª. pessoa do plural	vocês	beb	e	Ø	m
3ª. pessoa do plural	eles	beb	e	Ø	m

b) **Pretérito perfeito**

pronomes-sujeito		**RAD**	**VTV**	**MMT**	**MNP**
1ª. pessoa do singular	eu	beb	i	Ø	i
2ª. pessoa do singular	tu	beb	e	Ø	ste
3ª. pessoa do singular	você	beb	e	Ø	u
3ª. pessoa do singular	ele	beb	e	Ø	u
3ª. pessoa do singular	a gente	beb	e	Ø	u
1ª. pessoa do plural	nós	beb	e	Ø	mos
2ª. pessoa do plural	vós	beb	e	Ø	stes
3ª. pessoa do plural	vocês	beb	e	Ø	ram
3ª. pessoa do plural	eles	beb	e	Ø	ram

No pretérito perfeito, acima, há VTV alomorfe na 1ª. pessoa do singular e crase entre os fonemas (/i/ + /i/) que representam a VTV e o MNP na 1ª. pessoa do singular.

c) **Pretérito imperfeito**

pronomes-sujeito		**RAD**	**VTV**	**MMT**	**MNP**
1ª. pessoa do singular	eu	beb	i	a	Ø
2ª. pessoa do singular	tu	beb	i	a	s
3ª. pessoa do singular	você	beb	i	a	Ø
3ª. pessoa do singular	ele	beb	i	a	Ø
3ª. pessoa do singular	a gente	beb	i	a	Ø
1ª. pessoa do plural	nós	beb	í	a	mos
2ª. pessoa do plural	vós	beb	í	e	is
3ª. pessoa do plural	vocês	beb	i	a	m
3ª. pessoa do plural	eles	beb	i	a	m

Obs.: (1) VTV alomorfe em todas as pessoas pronominais.
(2) MMT alomorfe na segunda pessoa do plural.

d) **Pretérito mais-que-perfeito**

pronomes-sujeito		**RAD**	**VTV**	**MMT**	**MNP**
1ª. pessoa do singular	eu	beb	e	ra	Ø
2ª. pessoa do singular	tu	beb	e	ra	s
3ª. pessoa do singular	você	beb	e	ra	Ø
3ª. pessoa do singular	ele	beb	e	ra	Ø
3ª. pessoa do singular	a gente	beb	e	ra	Ø
1ª. pessoa do plural	nós	beb	ê	ra	mos
2ª. pessoa do plural	vós	beb	ê	re	is
3ª. pessoa do plural	vocês	beb	e	ra	m
3ª. pessoa do plural	eles	beb	e	ra	m

Obs.: MMT alomorfe na segunda pessoa do plural.

e) **Futuro do pretérito**

pronomes-sujeito		**RAD**	**VTV**	**MMT**	**MNP**
1ª. pessoa do singular	eu	beb	e	ria	Ø
2ª. pessoa do singular	tu	beb	e	ria	s
3ª. pessoa do singular	você	beb	e	ria	Ø
3ª. pessoa do singular	ele	beb	e	ria	Ø
3ª. pessoa do singular	a gente	beb	e	ria	Ø
1ª. pessoa do plural	nós	beb	e	ría	mos
2ª. pessoa do plural	vós	beb	e	ríe	is
3ª. pessoa do plural	vocês	beb	e	ria	m
3ª. pessoa do plural	eles	beb	e	ria	m

Obs.: MMT alomorfe na segunda pessoa do plural.

f) **Futuro do presente**

pronomes-sujeito		**RAD**	**VTV**	**MMT**	**MNP**
1ª. pessoa do singular	eu	beb	e	re	i
2ª. pessoa do singular	tu	beb	e	rá	s
3ª. pessoa do singular	você	beb	e	rá	Ø
3ª. pessoa do singular	ele	beb	e	rá	Ø
3ª. pessoa do singular	a gente	beb	e	rá	Ø
1ª. pessoa do plural	nós	beb	e	re	mos
2ª. pessoa do plural	vós	beb	e	re	is
3ª. pessoa do plural	vocês	beb	e	rã	o
3ª. pessoa do plural	eles	beb	e	rã	o

A exemplo da primeira conjugação, não há regularidade morfológica nos morfemas modo-temporais para o futuro do presente do indicativo.

SUBJUNTIVO – TEMPOS SIMPLES

a) Presente

pronomes-sujeito		RAD	VTV	MMT	MNP
1ª. pessoa do singular	eu	beb	Ø	a	Ø
2ª. pessoa do singular	tu	beb	Ø	a	s
3ª. pessoa do singular	você	beb	Ø	a	Ø
3ª. pessoa do singular	ele	beb	Ø	a	Ø
3ª. pessoa do singular	a gente	beb	Ø	a	Ø
1ª. pessoa do plural	nós	beb	Ø	a	mos
2ª. pessoa do plural	vós	beb	Ø	a	is
3ª. pessoa do plural	vocês	beb	Ø	a	m
3ª. pessoa do plural	eles	beb	Ø	a	m

b) Pretérito imperfeito

pronomes-sujeito		RAD	VTV	MMT	MNP
1ª. pessoa do singular	eu	beb	e	sse	Ø
2ª. pessoa do singular	tu	beb	e	sse	s
3ª. pessoa do singular	você	beb	e	sse	Ø
3ª. pessoa do singular	ele	beb	e	sse	Ø
3ª. pessoa do singular	a gente	beb	e	sse	Ø
1ª. pessoa do plural	nós	beb	ê	sse	mos
2ª. pessoa do plural	vós	beb	ê	sse	is
3ª. pessoa do plural	vocês	beb	e	sse	m
3ª. pessoa do plural	eles	beb	e	sse	m

c) Futuro

pronomes-sujeito		RAD	VTV	MMT	MNP
1ª. pessoa do singular	eu	beb	e	r	Ø
2ª. pessoa do singular	tu	beb	e	r	es
3ª. pessoa do singular	você	beb	e	r	Ø
3ª. pessoa do singular	ele	beb	e	r	Ø
3ª. pessoa do singular	a gente	beb	e	r	Ø
1ª. pessoa do plural	nós	beb	e	r	mos
2ª. pessoa do plural	vós	beb	e	r	des
3ª. pessoa do plural	vocês	beb	e	r	em
3ª. pessoa do plural	eles	beb	e	r	em

INDICATIVO – TEMPOS COMPOSTOS

a) Pretérito perfeito

pronomes-sujeito		conjugação
1ª. pessoa do singular	eu	tenho bebido
2ª. pessoa do singular	tu	tens bebido
3ª. pessoa do singular	você	tem bebido
3ª. pessoa do singular	ele	tem bebido
3ª. pessoa do singular	a gente	tem bebido
1ª. pessoa do plural	nós	temos bebido
2ª. pessoa do plural	vós	tendes bebido
3ª. pessoa do plural	vocês	têm bebido
3ª. pessoa do plural	eles	têm bebido

b) Pretérito mais-que-perfeito

pronomes-sujeito		**conjugação**
1ª. pessoa do singular	eu	tinha bebido
2ª. pessoa do singular	tu	tinhas bebido
3ª. pessoa do singular	você	tinha bebido
3ª. pessoa do singular	ele	tinha bebido
3ª. pessoa do singular	a gente	tinha bebido
1ª. pessoa do plural	nós	tínhamos bebido
2ª. pessoa do plural	vós	tínheis bebido
3ª. pessoa do plural	vocês	tinham bebido
3ª. pessoa do plural	eles	tinham bebido

c) Futuro do pretérito

pronomes-sujeito		**conjugação**
1ª. pessoa do singular	eu	teria bebido
2ª. pessoa do singular	tu	terias bebido
3ª. pessoa do singular	você	teria bebido
3ª. pessoa do singular	ele	teria bebido
3ª. pessoa do singular	a gente	teria bebido
1ª. pessoa do plural	nós	teríamos bebido
2ª. pessoa do plural	vós	teríeis bebido
3ª. pessoa do plural	vocês	teriam bebido
3ª. pessoa do plural	eles	teriam bebido

d) Futuro do presente

pronomes-sujeito		**conjugação**
1ª. pessoa do singular	eu	terei bebido
2ª. pessoa do singular	tu	terás bebido
3ª. pessoa do singular	você	terá bebido
3ª. pessoa do singular	ele	terá bebido
3ª. pessoa do singular	a gente	terá bebido
1ª. pessoa do plural	nós	teremos bebido
2ª. pessoa do plural	vós	tereis bebido
3ª. pessoa do plural	vocês	terão bebido
3ª. pessoa do plural	eles	terão bebido

SUBJUNTIVO – TEMPOS COMPOSTOS

a) Pretérito perfeito

pronomes-sujeito		**conjugação**
1ª. pessoa do singular	eu	tenha bebido
2ª. pessoa do singular	tu	tenhas bebido
3ª. pessoa do singular	você	tenha bebido
3ª. pessoa do singular	ele	tenha bebido
3ª. pessoa do singular	a gente	tenha bebido
1ª. pessoa do plural	nós	tenhamos bebido
2ª. pessoa do plural	vós	tenhais bebido
3ª. pessoa do plural	vocês	tenham bebido
3ª. pessoa do plural	eles	tenham bebido

b) Pretérito mais-que-perfeito

pronomes-sujeito		conjugação
1ª. pessoa do singular	eu	tivesse bebido
2ª. pessoa do singular	tu	tivesses bebido
3ª. pessoa do singular	você	tivesse bebido
3ª. pessoa do singular	ele	tivesse bebido
3ª. pessoa do singular	a gente	tivesse bebido
1ª. pessoa do plural	nós	tivéssemos bebido
2ª. pessoa do plural	vós	tivésseis bebido
3ª. pessoa do plural	vocês	tivessem bebido
3ª. pessoa do plural	eles	tivessem bebido

c) Futuro

pronomes-sujeito		conjugação
1ª. pessoa do singular	eu	tiver bebido
2ª. pessoa do singular	tu	tiveres bebido
3ª. pessoa do singular	você	tiver bebido
3ª. pessoa do singular	ele	tiver bebido
3ª. pessoa do singular	a gente	tiver bebido
1ª. pessoa do plural	nós	tivermos bebido
2ª. pessoa do plural	vós	tiverdes bebido
3ª. pessoa do plural	vocês	tiverem bebido
3ª. pessoa do plural	eles	tiverem bebido

4.11.3. Terceira conjugação

Modelo: PART-I-R

INDICATIVO – TEMPOS SIMPLES

a) **Presente**

pronomes-sujeito		**RAD**	**VTV**	**MMT**	**MNP**
1ª. pessoa do singular	eu	part	Ø	Ø	o
2ª. pessoa do singular	tu	part	e	Ø	s
3ª. pessoa do singular	você	part	e	Ø	Ø
3ª. pessoa do singular	ele	part	e	Ø	Ø
3ª. pessoa do singular	a gente	part	e	Ø	Ø
1ª. pessoa do plural	nós	part	i	Ø	mos
2ª. pessoa do plural	vós	part	i	Ø	is
3ª. pessoa do plural	vocês	part	e	Ø	m
3ª. pessoa do plural	eles	part	e	Ø	m

No presente do indicativo, terceira conjugação, há VTV alomorfe na segunda pessoa do singular e terceiras pessoas (singular e plural)[38]. Além disso, existe crase entre os fonemas (/i/ + /i/) que representam a VTV e o morfema número-pessoal na segunda pessoa do plural.

38 Note-se que a VTV para a terceira conjugação é ***-i***.

b) Pretérito perfeito

pronomes-sujeito		RAD	VTV	MMT	MNP
1ª. pessoa do singular	eu	part	i	Ø	i
2ª. pessoa do singular	tu	part	i	Ø	ste
3ª. pessoa do singular	você	part	i	Ø	u
3ª. pessoa do singular	ele	part	i	Ø	u
3ª. pessoa do singular	a gente	part	i	Ø	u
1ª. pessoa do plural	nós	part	i	Ø	mos
2ª. pessoa do plural	vós	part	i	Ø	stes
3ª. pessoa do plural	vocês	part	i	Ø	ram
3ª. pessoa do plural	eles	part	i	Ø	ram

Obs.: Crase entre os fonemas que representam a VTV e o MNP na 1ª. pessoa do singular.

c) Pretérito imperfeito

pronomes-sujeito		RAD	VTV	MMT	MNP
1ª. pessoa do singular	eu	part	i	a	Ø
2ª. pessoa do singular	tu	part	i	a	s
3ª. pessoa do singular	você	part	i	a	Ø
3ª. pessoa do singular	ele	part	i	a	Ø
3ª. pessoa do singular	a gente	part	i	a	Ø
1ª. pessoa do plural	nós	part	í	a	mos
2ª. pessoa do plural	vós	part	í	e	is
3ª. pessoa do plural	vocês	part	i	a	m
3ª. pessoa do plural	eles	part	i	a	m

Obs.: MMT alomorfe na segunda pessoa do plural.

d) Pretérito mais-que-perfeito

pronomes-sujeito		**RAD**	**VTV**	**MMT**	**MNP**
1ª. pessoa do singular	eu	part	i	ra	Ø
2ª. pessoa do singular	tu	part	i	ra	s
3ª. pessoa do singular	você	part	i	ra	Ø
3ª. pessoa do singular	ele	part	i	ra	Ø
3ª. pessoa do singular	a gente	part	i	ra	Ø
1ª. pessoa do plural	nós	part	í	ra	mos
2ª. pessoa do plural	vós	part	í	re	is
3ª. pessoa do plural	vocês	part	i	ra	m
3ª. pessoa do plural	eles	part	i	ra	m

Obs.: MMT alomorfe na segunda pessoa do plural.

e) Futuro do pretérito

pronomes-sujeito		**RAD**	**VTV**	**MMT**	**MNP**
1ª. pessoa do singular	eu	part	i	ria	Ø
2ª. pessoa do singular	tu	part	i	ria	s
3ª. pessoa do singular	você	part	i	ria	Ø
3ª. pessoa do singular	ele	part	i	ria	Ø
3ª. pessoa do singular	a gente	part	i	ria	Ø
1ª. pessoa do plural	nós	part	i	ría	mos
2ª. pessoa do plural	vós	part	i	ríe	is
3ª. pessoa do plural	vocês	part	i	ria	m
3ª. pessoa do plural	eles	part	i	ria	m

Obs.: MMT alomorfe na segunda pessoa do plural.

f) Futuro do presente

pronomes-sujeito		RAD	VTV	MMT	MNP
1ª. pessoa do singular	eu	part	i	re	i
2ª. pessoa do singular	tu	part	i	rá	s
3ª. pessoa do singular	você	part	i	rá	Ø
3ª. pessoa do singular	ele	part	i	rá	Ø
3ª. pessoa do singular	a gente	part	i	rá	Ø
1ª. pessoa do plural	nós	part	i	re	mos
2ª. pessoa do plural	vós	part	i	re	is
3ª. pessoa do plural	vocês	part	i	rã	o
3ª. pessoa do plural	eles	part	i	rã	o

A exemplo da primeira e segunda conjugações, não há regularidade morfológica nos morfemas de modo e tempo no futuro do presente do indicativo.

SUBJUNTIVO – TEMPOS SIMPLES

a) Presente

pronomes-sujeito		RAD	VTV	MMT	MNP
1ª. pessoa do singular	eu	part	Ø	a	Ø
2ª. pessoa do singular	tu	part	Ø	a	s
3ª. pessoa do singular	você	part	Ø	a	Ø
3ª. pessoa do singular	ele	part	Ø	a	Ø
3ª. pessoa do singular	a gente	part	Ø	a	Ø
1ª. pessoa do plural	nós	part	Ø	a	mos
2ª. pessoa do plural	vós	part	Ø	a	is
3ª. pessoa do plural	vocês	part	Ø	a	m
3ª. pessoa do plural	eles	part	Ø	a	m

b) Pretérito imperfeito

pronomes-sujeito		**RAD**	**VTV**	**MMT**	**MNP**
1ª. pessoa do singular	eu	part	i	sse	Ø
2ª. pessoa do singular	tu	part	i	sse	s
3ª. pessoa do singular	você	part	i	sse	Ø
3ª. pessoa do singular	ele	part	i	sse	Ø
3ª. pessoa do singular	a gente	part	i	sse	Ø
1ª. pessoa do plural	nós	part	í	sse	mos
2ª. pessoa do plural	vós	part	í	sse	is
3ª. pessoa do plural	vocês	part	i	sse	m
3ª. pessoa do plural	eles	part	i	sse	m

c) Futuro

pronomes-sujeito		**RAD**	**VTV**	**MMT**	**MNP**
1ª. pessoa do singular	eu	part	i	r	Ø
2ª. pessoa do singular	tu	part	i	r	es
3ª. pessoa do singular	você	part	i	r	Ø
3ª. pessoa do singular	ele	part	i	r	Ø
3ª. pessoa do singular	a gente	part	i	r	Ø
1ª. pessoa do plural	nós	part	i	r	mos
2ª. pessoa do plural	vós	part	i	r	des
3ª. pessoa do plural	vocês	part	i	r	em
3ª. pessoa do plural	eles	part	i	r	em

INDICATIVO – TEMPOS COMPOSTOS

a) Pretérito perfeito

pronomes-sujeito		**conjugação**
1ª. pessoa do singular	eu	Tenho partido
2ª. pessoa do singular	tu	tens partido
3ª. pessoa do singular	você	tem partido
3ª. pessoa do singular	ele	tem partido
3ª. pessoa do singular	a gente	tem partido
1ª. pessoa do plural	nós	temos partido
2ª. pessoa do plural	vós	tendes partido
3ª. pessoa do plural	vocês	têm partido
3ª. pessoa do plural	eles	têm partido

b) Pretérito mais-que-perfeito

pronomes-sujeito		**conjugação**
1ª. pessoa do singular	eu	tinha partido
2ª. pessoa do singular	tu	tinhas partido
3ª. pessoa do singular	você	tinha partido
3ª. pessoa do singular	ele	tinha partido
3ª. pessoa do singular	a gente	tinha partido
1ª. pessoa do plural	nós	tínhamos partido
2ª. pessoa do plural	vós	tínheis partido
3ª. pessoa do plural	vocês	tinham partido
3ª. pessoa do plural	eles	tinham partido

c) Futuro do pretérito

pronomes-sujeito		**conjugação**
1ª. pessoa do singular	eu	teria partido
2ª. pessoa do singular	tu	terias partido
3ª. pessoa do singular	você	teria partido
3ª. pessoa do singular	ele	teria partido
3ª. pessoa do singular	a gente	teria partido
1ª. pessoa do plural	nós	teríamos partido
2ª. pessoa do plural	vós	teríeis partido
3ª. pessoa do plural	vocês	teriam partido
3ª. pessoa do plural	eles	teriam partido

d) Futuro do presente

pronomes-sujeito		**conjugação**
1ª. pessoa do singular	eu	terei partido
2ª. pessoa do singular	tu	terás partido
3ª. pessoa do singular	você	terá partido
3ª. pessoa do singular	ele	terá partido
3ª. pessoa do singular	a gente	terá partido
1ª. pessoa do plural	nós	teremos partido
2ª. pessoa do plural	vós	tereis partido
3ª. pessoa do plural	vocês	terão partido
3ª. pessoa do plural	eles	terão partido

SUBJUNTIVO – TEMPOS COMPOSTOS

a) Pretérito perfeito

pronomes-sujeito		conjugação
1ª. pessoa do singular	eu	tenha partido
2ª. pessoa do singular	tu	tenhas partido
3ª. pessoa do singular	você	tenha partido
3ª. pessoa do singular	ele	tenha partido
3ª. pessoa do singular	a gente	tenha partido
1ª. pessoa do plural	nós	tenhamos partido
2ª. pessoa do plural	vós	tenhais partido
3ª. pessoa do plural	vocês	tenham partido
3ª. pessoa do plural	eles	tenham partido

b) Pretérito mais-que-perfeito

pronomes-sujeito		conjugação
1ª. pessoa do singular	eu	tivesse partido
2ª. pessoa do singular	tu	tivesses partido
3ª. pessoa do singular	você	tivesse partido
3ª. pessoa do singular	ele	tivesse partido
3ª. pessoa do singular	a gente	tivesse partido
1ª. pessoa do plural	nós	tivéssemos partido
2ª. pessoa do plural	vós	tivésseis partido
3ª. pessoa do plural	vocês	tivessem partido
3ª. pessoa do plural	eles	tivessem partido

c) **Futuro**

pronomes-sujeito		**conjugação**
1ª. pessoa do singular	eu	tiver partido
2ª. pessoa do singular	tu	tiveres partido
3ª. pessoa do singular	você	tiver partido
3ª. pessoa do singular	ele	tiver partido
3ª. pessoa do singular	a gente	tiver partido
1ª. pessoa do plural	nós	tivermos partido
2ª. pessoa do plural	vós	tiverdes partido
3ª. pessoa do plural	vocês	tiverem partido
3ª. pessoa do plural	eles	tiverem partido

5. ADVÉRBIO E PALAVRA DENOTATIVA

O adjunto canônico do verbo é o advérbio, o qual, em muitos momentos, aparece em forma perifrástica. Apesar disso, há casos em que sintagmas adjetivais ou nominais aparecem modificando o verbo, atribuindo-lhe dada circunstância, o que equivale ao adjunto verbal em português. Observem-se as orações abaixo.

(227) José trabalha ***muito***. (advérbio / sintagma adverbial)

(228) José trabalha ***de noite***. (locução adverbial / sintagma preposicionado / sintagma adverbial)

(229) José trabalha ***quando a noite vem***. (oração adverbial / sintagma adverbial)

(230) José trabalha ***muitas vezes***. (sintagma nominal com função sintática típica de sintagmas adverbiais)

(231) José chegou ***rápido***. (sintagma adjetival com função sintática típica de sintagmas adverbiais)

O adjunto verbal mais regular (advérbio, locução adverbial ou oração adverbial) pode exprimir em relação ao verbo as mais variadas circunstâncias. Ilustra-se esse fator nos quadros abaixo:

SN	SV	SAdv.	forma	circunstância expressa
Maria	nasceu	ontem.	advérbio	tempo
		aqui.	advérbio	lugar
		bem.	advérbio	modo
		de cesariana.	locução adverbial	modo
		no hospital.	locução adverbial	lugar

SN	SV	SAdv.	forma	circunstância expressa
Maria	nasceu	às 15h.	locução adverbial	tempo
		quando o verão chegou.	oração adverbial	tempo
		ainda que o pai não desejasse.	oração adverbial	concessão
		para ser uma criança saudável.	oração adverbial	finalidade
		porque os médicos se esforçaram.	oração adverbial	causa

Na ótica tradicional, só se pode chamar **advérbio** o vocábulo associado sintaticamente ao verbo, ao adjetivo ou a outro advérbio, conforme os exemplos:

(232) Maria brincava ***excessivamente***. (advérbio associado ao verbo)

(233) Maria era ***excessivamente*** brincalhona. (advérbio associado ao adjetivo)

(234) Maria cantava ***muito*** bem. (advérbio associado a outro advérbio)

Há casos, no entanto, em que palavras com estrutura típica de advérbio se associam ao todo sentencial:

(235) ***Infelizmente***, Maria não brinca mais.

De fato, o vocábulo *infelizmente*, em (235), não é um modificador do verbo ou do advérbio, e sim uma espécie de modalizador discursivo, exprimindo certa ótica com a qual o locutor enxerga o fato.

Alguns gramáticos mais ortodoxos (cf., por exemplo, Sacconi [1994: 102-5]) chamam esses modalizadores de **palavras** (e **locuções**) **denotativas**. Eis alguns casos:

a) **afetividade**

(236) ***Lamentavelmente***, a corrupção permanece no Brasil.

b) **afirmação**

(237) ***Com certeza*** você já sabe dos meus sentimentos.

c) **aproximação**

(238) Esse rapaz já é ***quase*** doutor.

d) **exclusão**

(239) O jogo será transmitido ***exclusivamente*** pelo canal Pará Esporte.

e) **explicação**

(240) Compramos vários materiais escolares, ***a saber***, lápis, caneta, cadernos etc.

f) **inclusão**

(241) Todos são investigados no governo, ***inclusive*** o presidente.

g) **realce**

(242) "Vão-***se*** os anéis, os dedos ficam."

h) **retificação**

(243) "A vida realmente é diferente, ***quer dizer***, ao vivo é muito pior." [Belchior]

Obs.: Muitos linguistas não abraçam a designação *palavra denotativa*, preferindo chamar os vocábulos e locuções destacados de *advérbios, locuções adverbiais* ou *conjuntivas*.

Anote-se, por fim, que a classificação dos advérbios é feita de acordo com a circunstância expressa. Vejamos, através de exemplos, algumas dessas circunstâncias[39].

(244) ***Aqui*** a vida requer cuidados especiais. (advérbio de lugar)

(245) Ele escreveu um belo poema ***no quadro***. (locução adverbial de lugar)

(246) José falava ***pausadamente***. (advérbio de modo)

(247) O casal viajou ***às pressas***. (locução adverbial de modo)

(248) Maria chega ***hoje***. (advérbio de tempo)

(249) Ele foi a São Paulo ***em novembro de 2015***. (locução adverbial de tempo)

(250) José é ***bastante*** esforçado. (advérbio de intensidade)

(251) Eles falavam ***à beça***, mas não diziam nada. (locução adverbial de intensidade)

---

39 Segundo Bechara (2009: 288), "distribuem-se os advérbios em assinalar a posição temporal (os de tempo) ou espacial do falante (os de lugar), ou ainda o modo pelo qual se visualiza o 'estado de coisas' designado na oração." Ou seja, para o autor, os advérbios prototípicos são os temporais, os locativos e os modalizadores.

(252) ***Talvez*** eles se reencontrem pelo caminho. (advérbio de dúvida)

6. CLASSE DOS CONECTORES

Conectores (ou *conectivos*) são elementos cuja função é ligar vocábulos (preposições, conjunções), orações (conjunções, preposições com valor conjuntivo, pronomes, palavras e locuções denotativas), períodos (conjunções, palavras e locuções denotativas, pronomes, operadores lógico-argumentativos) e parágrafos (conjunções, palavras e locuções denotativas, operadores lógico-argumentativos). Trata-se, portanto, dos principais componentes linguísticos responsáveis pela **coesão textual**.

Vejam-se alguns exemplos.

(253) "Está fora de discussão ***que*** (a) esse processo de projeção, ***que*** (b) transforma um morto ***n***um (c) inimigo maligno, possa encontrar apoio (...)." [Sigmund Freud][40]

(a) Conjunção integrante ***que***: relação de subordinação – encabeça uma oração subordinada substantiva subjetiva;
(b) pronome relativo ***que***: relação de subordinação – encabeça uma oração subordinada adjetiva explicativa, ao mesmo tempo em que retoma anaforicamente o SN *esse processo de projeção*;
(c) preposição ***em*** (contraída com o pronome *um*): relação de subordinação – associa o complemento verbal, termo regido, ao núcleo do SV *transforma*, termo regente.

(254) João ***e*** (a) José são jogadores ***d***o (b) mesmo time, ***embora*** (c) os dois não se respeitem mutuamente.

(a) Conjunção ***e***: relação de coordenação, união entre dois vocábulos de mesmo valor sintático;
(b) preposição ***de*** (contraída com o artigo *o*): relação de subordinação – subordina o adjunto *do mesmo time* (locução genitiva) ao núcleo nominal *jogadores*;

40 *Totem e Tabu*. Tradução de Órizon Carneiro Muniz. Rio de Janeiro: Imago, 1999.

(c) conjunção ***embora***: relação de subordinação – encabeça uma oração subordinada adverbial concessiva.

(255) "Fato muito positivo é ***que*** (a) este infinitivo se encontra nos mais antigos monumentos da língua portuguesa, parecendo ter nascido com o próprio idioma. ***E*** (b) o que mais surpreende é que, apesar do íntimo parentesco do português com o castelhano, ficasse ***este*** (c) desprovido do infinitivo pessoal, e apesar do contacto da nossa literatura com o castelhano e mais tarde com o francês e outros idiomas, nenhuma língua, absolutamente nenhuma, influenciasse o português no sentido de restringir-lhe de algum modo o uso do infinitivo flexionado.

Pelo contrário (d), esta forma resistiu a todas as influências estranhas desde que apareceu, e o seu uso, quando muito, tem-se ampliado nos nossos escritores modernos." [Manuel Said Ali]

(a) Conjunção integrante ***que***: relação de subordinação – encabeça uma oração subordinada substantiva predicativa;
(b) conjunção ***e***: relação de coordenação (acréscimo) de oração interfrástica;
(c) pronome demonstrativo ***este:*** relação anafórica – retoma o sintagma nominal *o castelhano* (coesão a um só tempo juntiva e referencial);
(d) operador lógico-argumentativo ***pelo contrário***: inicia novo parágrafo com alusão contrapontística ao que se expôs anteriormente e noção catafórica em relação ao que se vai expor.

Cabe lembrar aqui a principal distinção entre preposições e conjunções: enquanto estas trabalham no nível interoracional, aquelas atuam no nível intraoracional. Em outras palavras, as preposições ordinariamente servem para conectar elementos no interior de orações, ao passo que as conjunções servem principalmente para associar orações no interior dos períodos.[41]

41 Vale conferir o capítulo *Preposição*, em Cunha (1994: 510-31).

7. QUADRO-SÍNTESE DE CLASSES GRAMATICAIS

À guisa de fechamento desta parte do livro, pode-se propor o quadro-síntese a seguir da morfossintaxe das classes gramaticais em língua portuguesa:

<table>
<tr><th>classes nucleares</th><th>classes adjuntas</th><th>classes conectivas</th></tr>
<tr><td>substantivo</td><td>adjetivo</td><td>pronome</td></tr>
<tr><td>verbo</td><td>pronome</td><td>preposição</td></tr>
<tr><td rowspan="3">pronome</td><td>artigo</td><td rowspan="3">conjunção</td></tr>
<tr><td>numeral</td></tr>
<tr><td>advérbio</td></tr>
</table>

Reitere-se que adjetivo, artigo e numeral são classes adjuntas do núcleo substantivo. O advérbio é o modalizador ou circunstancializador canônico do núcleo verbal. A classe dos pronomes, por seu turno, é polivalente no âmbito morfossintático, dada sua propriedade de funcionar como núcleo, adjunto ou conector. Por fim, evidencia-se no quadro a função privativamente conectiva de preposições e conjunções.

PARTE 3

SINTAXE

1. INTRODUÇÃO

Sintaxe (do grego, *syntaxis*: arranjo, organização, construção) é a parte dos estudos gramaticais que examina o modo com que vocábulos, sintagmas, orações e períodos se organizam na construção do texto.

Dentro dos estudos sintáticos, podem-se fazer exames *analíticos* e *relacionais*. No primeiro caso, tem-se um processo de análise, reconhecimento e nomenclatura, já que o papel da sintaxe analítica é verificar e nomear funções sintáticas de vocábulos, sintagmas e orações, de acordo com as características gramaticais do período; no segundo caso, examinam-se processos de concordância, regência e colocação de termos, isto é, relações intrassintagmáticas ou intersintagmáticas, sempre nos limites do período, o que se tem chamado pelos gramáticos tradicionalistas *sintaxe das relações* (relações de *concordância*, *regência* e *colocação*).

2. MICROSSINTAXE E MACROSSINTAXE

Dá-se o nome de **microssintaxe** ao estudo da função e organização dos vocábulos, sintagmas e orações na construção do período. Assim, a microssintaxe vai do seu objeto mínimo de análise (o vocábulo) ao seu objeto máximo (a sentença ou período). Quando se faz análise sintática de períodos simples e compostos, trabalha-se no nível microssintático.

A **macrossintaxe** é também chamada *sintaxe transfrástica* ou *coesão textual*. Trata-se, no caso, do exame das relações sintáticas entre porções maiores de texto, que transcendem os limites da sentença. Quando se estudam funções de elementos juntivos (ou *conjuntivos*) na conexão entre períodos distintos ou mesmo parágrafos distintos, trabalha-se no nível *macrossintático*.

Em virtude dos propósitos deste livro, a preocupação maior aqui reside na microssintaxe ou análise sintática da sentença.

A distinção entre os níveis micro e macrossintático se exemplifica a seguir.

MICROSSINTAXE	
PERÍODO SIMPLES	
sujeito	**predicado**
O bebê	dorme no quarto.
PERÍODO COMPOSTO POR COORDENAÇÃO	
oração coordenada assindética	**oração coordenada sindética aditiva**
O bebê dorme no quarto	e a mamãe vela por ele.
PERÍODO COMPOSTO POR SUBORDINAÇÃO	
oração principal	**oração subordinada substantiva objetiva direta**
A mamãe afirma	que o bebê é sua vida.

MACROSSINTAXE
A mamãe afirma que o bebê é sua vida. O papai, ***entretanto***, não está nada satisfeito com ***isso*** e considera ***a criança*** um empecilho à intimidade d***o casal***.
entretanto: conector adversativo interfrástico que estabelece noção de contraponto.
isso: pronome de valor anafórico, pois retoma o período precedente.
a criança: sintagma nominal de valor anafórico, visto que retoma um sintagma nominal já exposto: *o bebê*.
o casal: sintagma nominal de valor anafórico, uma vez que retoma dois sintagmas nominais já expostos: *a mamãe* e *o papai*.

3. CHOMSKY E OS ESTUDOS SINTÁTICOS

Talvez não seja injusto afirmar que houve certo menosprezo das teorias estruturalistas estritas pelo componente sintático, na medida em que a matéria fundamental de Saussure e seus seguidores foi sempre o vocábulo em seu aspecto fonêmico e morfológico.

Noam Chomsky, em suas descrições gerativistas, sintagmáticas e transformacionais, ao eleger a *gramática* como fator preponderante, sai dos limites lexicais e caminha para a *sintaxe* a fim de compreender como as línguas se organizam na elaboração de sentenças possíveis ("bem" formadas) ou gramaticalmente aceitáveis. Esse critério de aceitabilidade, em última instância, concerne à estrutura sintática da sentença, ou seja, a sintaxe é a seção gramatical responsável por chancelar ou não a gramaticalidade do período.

A bem da verdade, cumpre reconhecer que Chomsky deve muitos dos seus postulados à análise de *constituintes imediatos*, proposta inicialmente por Leonard Bloomfield e desenvolvida por Zellig Harris. Este, a propósito, orientou Chomsky em seu trabalho de doutoramento (*The Logical Structures of Linguistic Theory*, 1955), cuja síntese se publicou dois anos após em *Estruturas Sintáticas* (cf. edição brasileira, 2015).

Não obstante essas observações históricas, deve-se ressaltar a importância do linguista norte-americano na evidência de que uma língua como a portuguesa, por exemplo, estrutura-se por meio de unidades sintagmáticas, e não através de unidades lexicais ou vocabulares, como aliás se acreditou por muitos anos. Considere-se a sentença abaixo:

(256) O rapaz comprou o livro ontem.

O analista pode até, eventualmente, acreditar que essa oração se constrói por meio da soma de *artigo* + *substantivo* + *verbo* + *artigo* + *substantivo* + *advérbio*. Ainda que essa análise não seja absurda, parece mais legítimo imaginar uma certa expressão matemática do tipo *X COMPRAR Y W*, sendo X um SN, Y outro SN, comprar Y um SV e W um SAdv.

É possível descrever essa expressão matemática isolando-se os componentes sintagmáticos: SN + SV (NÚCLEO + SN) + SAdv. ou SN [X] + SV (COMPRAR [NÚCLEO] + SN [Y]) + SAdv. [W].

Ou ainda, por meio de diagrama arbóreo, tem-se:

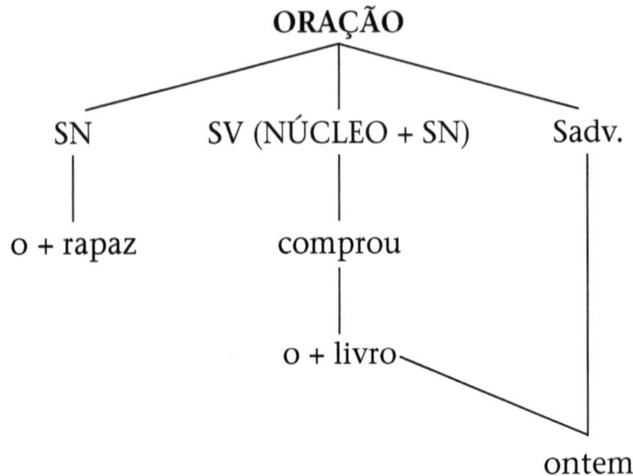

(257) A mulher vendeu o apartamento.

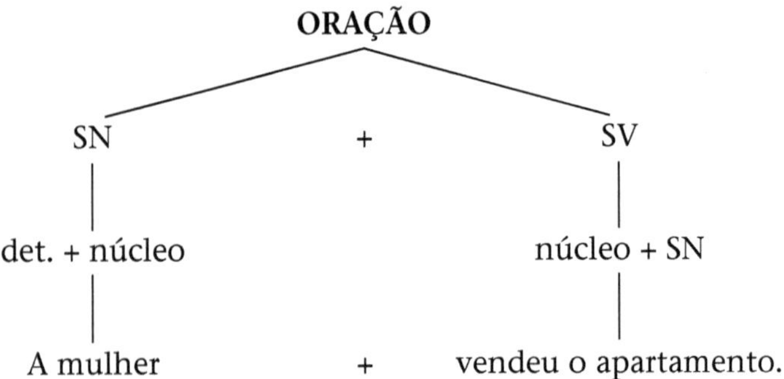

A descrição sintática por diagramas arbóreos, como as que se demonstram acima, ganhou notável importância na obra de Chomsky e constitui método eficiente de analisar sintaticamente as sentenças em línguas diversas. Apesar disso, não será a epistemologia deste trabalho, em que se dará preferência às expressões algébricas.

4. SINTAGMA

4.1. Definição e hierarquia gramatical

Trata-se de um conceito metalinguístico que corresponde a uma **unidade sintático-semântica**. As sentenças (orações e períodos) se constroem por intermédio de unidades sintagmáticas que podem sequenciar-se para formar um todo proposicional.

Exemplo:

<table>
<tr><th colspan="4">SENTENÇA</th></tr>
<tr><th>Sintagma nominal</th><th colspan="2">Sintagma verbal</th><th>Sintagma adverbial</th></tr>
<tr><td rowspan="2">O América</td><td colspan="2">ganhou a partida</td><td rowspan="2">ontem.</td></tr>
<tr><td>ganhou
(núcleo do SV)</td><td>a partida
(SN complemento)</td></tr>
</table>

Nas palavras de Kury (1997: 09),

> SINTAGMA é uma palavra criada por F. Saussure (...) para designar dois elementos consecutivos, um dois quais é o DETERMINADO (principal) e o outro o DETERMINANTE (subordinado). Há, portanto, uma relação necessária de subordinação entre os dois.

O que Ferdinand de Saussure chama de *sintagma*, a rigor, são componentes que se alinham *"um após outro"* no encadeamento linguístico. O sintagma saussureano pode corresponder a duas sílabas, como em *'me-sa'*, ou mesmo a duas orações, como em *'Se fizer sol, / iremos à praia'* (cf. Saussure, 1995: 142). Para o linguista suíço, portanto, o termo *sintagma* aproximar-se-ia da noção gramatical de *unidade*: duas ou mais sílabas, dois ou mais morfemas, dois ou mais vocábulos, duas ou mais orações compondo uma unidade linguística.

Evidentemente, essa abordagem não corresponde à realidade sintagmática em português – língua em que nem todos os sintagmas são bimembres. A oração '*Criança chora muito*', por exemplo, se estrutura com três sintagmas unimembres: SN: *criança* + SV: *chora* + SAdv.: *muito*. Além disso, validada a teoria da dupla articulação da linguagem (Martinet, 1964), os sintagmas apareceriam apenas nos níveis morfológico, morfossintático e sintático (plano do conteúdo ou gramatical estrito), excluindo-se elementos fonológicos (plano da expressão).

Segundo Azeredo (2008), os sintagmas são categorias gramaticais que se situam entre o nível da palavra e o da oração. Para o autor, na base da estrutura gramatical estaria o morfema (unidade formadora de vocábulos); o topo dessa estrutura seria a oração, constituída por sintagmas (cf. pp. 139-41).

Para trabalhar nesse prisma, o autor desconsidera a noção de *período* e abraça a visão de *oração* contida em Perini (1998). Os dois autores permitem subentender que a coordenação justapõe as unidades máximas da hierarquia gramatical (orações) e a subordinação não representaria o autêntico período composto (aquele que contém mais de uma oração).

Planeja-se discutir mais à frente o problema. Por ora, basta dizer que a ótica sintática aqui defendida não mistura os conceitos de *oração* e *frase*, o que permite devolver ao período seu estatuto de nível maior de análise gramatical.

Em ordem crescente, teríamos a seguinte hierarquia:

MORFEMA	**VOCÁBULO**	**SINTAGMA**	**ORAÇÃO**	**PERÍODO**

Um vocábulo como *meninas*, analisado nas menores unidades gramaticais, apresentaria a estrutura que se descreve abaixo:

NÍVEL DO MORFEMA		
Morfema lexical	**Morfema gramatical de gênero**	**Morfema gramatical de número**
menin	a	s

A esse vocábulo se pode acrescentar um determinante:

NÍVEL DO SINTAGMA	
Determinante	**Núcleo nominal**
as	meninas

O sintagma acima pode aparecer em dada oração na função sintática de *sujeito* – unidade sintática que gerencia a flexão do núcleo sintagmático verbal:

NÍVEL DA ORAÇÃO	
SN	**SV**
As meninas	***compraram*** os vestidos.

Entendendo o **verbo** como **base caracterizadora da oração**, é possível usar o sintagma nominal *as meninas* como ponto de partida para um "predicado complexo", com a inserção de uma oração subordinada, dando origem a um período composto por subordinação:

NÍVEL DO PERÍODO	
Oração principal	**Oração subordinada substantiva completiva nominal**
As meninas ***têm*** receio	de que os vestidos não ***fiquem*** bons.

Na descrição sintática acima, o sintagma ocupa a terceira escala numa ordem de cinco categorias gramaticais. O sintagma estaria para a oração absoluta (período simples) como o morfema está para o vocábulo e a oração para o período composto.

4.2. Taxonomia dos sintagmas

Uma oração é constituída minimamente de um sintagma verbal (o verbo, isolado ou acompanhado de complemento, como unidade sintático-semântica).

Exemplos:

(258) ***Amanheceu***.

(259) ***Há*** muita gente no quarto.

(260) A menina ***comprou*** sapatos novos.

Em (258), o verbo *amanheceu* é um sintagma pleno (sintagma verbal [SV]), ou seja, uma unidade sintático-semântica que representa a própria sentença.

Em (259), podem-se depreender três sintagmas: *muita gente* (sintagma nominal [SN] complemento); *no quarto* (um SN encabeçado de preposição: sintagma preposicionado [SPrep.], com função sintática típica de um sintagma adverbial [SAdv.]); *há muita gente*: um SV (o verbo mais seu complemento).

Em (260), há também três sintagmas: dois SNs (*a menina* e *sapatos novos*) e o SV (o verbo e seu complemento: *comprou sapatos novos*).

A exemplo de Azeredo (2000: 152), propõem-se aqui cinco classes de sintagma: nominal (SN), verbal (SV), adjetival (SAdj.), adverbial (SAdv.) e preposicionado (SPrep.).

4.2.1. Sintagma Nominal (SN)

Trata-se da unidade sintático-semântica cujo núcleo é um nome substantivo, um pronome substantivo ou classe substantivada.

Um SN pode representar-se por um ou mais vocábulos, exercendo, principalmente, as funções sintáticas de sujeito, objeto direto, predicativo do sujeito, aposto e vocativo.

Exemplos:

(261) ***Ele*** vai voltar da Espanha. (sujeito)

(262) ***Amor*** é essencial à vida. (sujeito)

(263) ***As pessoas esforçadas*** trabalham por um mundo melhor. (sujeito)

(264) ***Maria*** vende ***roupas bonitas***. (sujeito, objeto direto)

(265) ***José*** será ***um professor***. (sujeito, predicativo do sujeito)

(266) ***Teresa***, ***professora de Espanhol***, viajou para a Espanha. (sujeito, aposto)

(267) ***João***, ***você*** comprou ***os pães***? (vocativo, sujeito, objeto direto)

A partir dos exemplos, podem-se fazer estas colocações:

a) Há SNs unimembres em (261) [ele]; (262) [amor]; (264) [Maria]; (265) [José]; (266) [Teresa]; (267) [João, você].

b) Há SN trimembre em (263) [as + pessoas + esforçadas: adjunto + núcleo + adjunto].

c) Há SNs bimembres em (264) [roupas + bonitas: núcleo + adjunto]; (265) [um + professor: adjunto + núcleo]; (266) [professora + de Espanhol: núcleo + adjunto]; (267) [os + pães: adjunto + núcleo].

4.2.2. Sintagma Verbal (SV)

É a unidade sintático-semântica cujo núcleo é o verbo – item lexical que pode reger outras unidades sintagmáticas.

Um SV pode representar-se por um verbo intransitivo canônico, um verbo transitivo mais complemento(s) ou um verbo de ligação mais predicativo do sujeito, conforme os exemplos a seguir.

(268) O bebê ***nasceu***.

SV formado por verbo intransitivo (VI).

(269) Os pais ***amam o bebê***.

SV formado por verbo transitivo direto (VTD) mais objeto direto (OD).

(270) O bebê ***necessita de carinho***.

SV formado por verbo transitivo indireto (VTI) mais objeto indireto (OI).

(271) Os pais ***dedicam muito amor ao bebê***.

SV formado por verbo bitransitivo (VB) mais objeto direto mais objeto indireto.

(272) Os pais ***são dedicados***.

SV formado por verbo de ligação (VL) mais predicativo do sujeito (PdoS).

Numa sentença como '*Os pais são dedicados ao bebê*', o SV se forma com o verbo de ligação mais complemento predicativo (predicativo do sujeito). O sintagma que encerra a oração – o SPrep. *ao bebê* – é regido pelo nome transitivo *dedicados*, não fazendo parte da predicação do verbo, e sim do nome.

4.2.3. Sintagma Adjetival (SAdj.)

É a unidade sintático-semântica representada pelo qualificador, o qual, em sua realidade sintagmática, exerce ordinariamente função sintática de predicativo (do sujeito ou do objeto).

Exemplos:

(273) José estava ***desolado*** com a notícia.

(274) Maria me deixou ***feliz***.

(275) Pedro era ***de confiança***.

Em (273), expõe-se o SAdj. na função sintática de predicativo do sujeito; (274), por sua vez, demonstra o SAdj. na função sintática de predicativo do objeto; no exemplo (275), há o SAdj., que também é SPrep., funcionando como predicativo do sujeito.

Na ótica aqui defendida, o adjetivo só representará uma unidade sintático-semântica (unidade sintagmática, portanto) se não formar sintagma com o nome nuclear. Nos sintagmas nominais em que há qualificador, não se deve enxergar um SAdj.: *a moça* ***contente****, um rapaz* ***valoroso****, as palavras* ***indeléveis*** etc.

Não obstante, a locução prepositiva pode, por transposição, assumir função sintática de adjunto nominal – *homem* ***de honra****: homem* ***honrado*** –, caso em que faz parte do SN. Seria exagero enxergar *de honra* como um SAdj., na medida em que caberia também o pleito de enxergar os determinantes ou qualificadores pronominais como sintagmas, visto que são também elementos adjuntos do nome: ***as** pessoas*, ***muitas** pessoas* etc.

No SN trimembre '*alguns meninos estudiosos*', por exemplo, mantendo-se a defesa de *estudiosos* como um SAdj., poder-se-ia defender, por isonomia sintática, que *alguns* também é um SAdj., compondo-se a estrutura de três sintagmas – dois adjetivais e um nominal. Trata-se de um exagero descritivo, visto que os elementos compõem solidariamente uma unidade sintagmática (SN), a qual é substituta de apenas uma categoria pronominal (*eles*).

4.2.4. Sintagma Adverbial (SAdv.)

É a unidade sintático-semântica representada pelos circunstancializadores: no período simples, advérbios e locuções adverbiais; no período composto, orações adverbiais.

Exemplos:

(276) José fala ***muito***. (SAdv. representado por advérbio)

(277) Maria trabalha ***de manhã***. (SAdv. representado por locução adverbial)

(278) Nós conversaremos sobre o assunto ***quando você chegar***. (SAdv. representado por oração adverbial)

Em português, são regulares os casos de sintagmas nominais e adjetivais que substituem sintagmas adverbiais. Vejam-se os exemplos:

(279) José fala ***bonito***. (SAdj. exercendo função sintática típica de SAdv.)

(280) José fala ***muitas vezes***. (SN exercendo função sintática típica de SAdv.)

Os exemplos acima permitem acolher a designação **sintagma circunstancial**, que abarcaria quaisquer sintagmas que exerçam função sintática de *adjunto verbal*[42] (o modificador canônico do verbo).

4.2.5. Sintagma Preposicionado (SPrep.)

Trata-se do sintagma nominal encabeçado por preposição, daí Azeredo (2000) considerar o SPrep. um *sintagma derivado*. A propósito, vale conferir as palavras do autor.

> Os sintagmas podem ser básicos ou derivados. Chamam-se básicos os sintagmas formados por uma classe de palavra apta a constituir por si só o respectivo sintagma. São básicos, portanto, o SN formado de substantivo ou pronome substantivo, o sadj., formado por adjetivo, e o sadv., formado por advérbio. Chamam-se derivados os sintagmas criados por meio de transposição (...). Os sintagmas preposicionais são sempre sintagmas derivados, visto que não podem ser formados somente pela preposição. Eles se formam regularmente na língua para as mesmas funções dos sintagmas adjetivais e dos sintagmas adverbiais. (p. 152)

Pela descrição do autor, deve-se incluir também entre os sintagmas *básicos* o SV formado por verbo intransitivo: '***Amanheceu*** *em Nova Iguaçu.*'

Além disso, propõe-se aqui a substituição da dicotomia **básico / derivado** por **primitivo / derivado**, mantendo-se a validade descritiva de Azeredo para sintagmas formados pela classe de palavra original (básicos: primitivos) ou formados por sintagmas preposicionados (derivados). Trata-se de uma mera preferência terminológica advinda da tese de que o adjetivo *básico* não se estabelece numa relação antonímica com *derivado* – relação esta mais claramente construída pelo binômio *primitivo / derivado.*

Por outro lado, é preciso enfatizar que um SPrep. se chama *derivado* porque "deriva", ou seja, constrói-se a partir do *ato ou efeito de preposicionar um sintagma nominal,* modificando-lhe a categoria gramatical ou sintática – SN passa a SAdj. ou SN passa

42 Chamada tradicionalmente de *adjunto adverbial*, a designação *adjunto verbal* não é particularidade deste trabalho e aparece também em Azeredo (2008: 282-8), cuja descrição sintática é distinta da que se propõe aqui.

a SAdv. – fenômeno típico de **transposição**, isto é, passagem (*transporte*) de uma categoria gramatical a outra.

O SPrep. que funciona sintaticamente como complemento, seja verbal ou nominal, entretanto, não corresponde à transposição em português, visto que não se alteram categorias gramaticais: funções substantivas permanecem substantivas, apesar de preposicionadas.

Os SPreps. podem exercer funções sintáticas variadas. Vejam-se os exemplos.

(281) José vai trabalhar ***em Queimados***. (adjunto verbal de lugar)

(282) José tem necessidade ***de dinheiro***. (complemento nominal)

(283) José precisa ***de material hidráulico***. (objeto indireto)

(284) Ela é ***de confiança***. (predicativo do sujeito)

(285) Maria vai oferecer presentes ***às crianças***. (objeto indireto)

O clítico dativo *lhe(s)* é virtualmente um SPrep., uma vez que substitui na oração esse tipo de sintagma. Por exemplo, a sentença '*Maria **lhes** deu um presente*' equivale a '*Maria deu um presente a eles / a elas / a vocês*', sendo o clítico *lhes* tanto um SPrep. como as formas vicárias preposicionadas.

5. FRASE

É o enunciado que faz sentido para o interpretante. O conceito de *frase*, portanto, é de cunho semântico, e não sintático.

Exemplos:

(286) Que belo dia!

(287) Graças a Deus!

(288) O tempo está frio.

(289) José foi ao colégio, mas voltou rapidamente.

(286) e (287) são exemplos de *frases nominais*, ou seja, frases que não são orações em virtude da ausência do verbo – marca ou base caracterizadora de uma oração. O exemplo (288) expõe uma *frase* constituída de *uma só oração*, equivalendo ao *período simples*. O exemplo (289) demonstra uma *frase* constituída de *duas orações*, o que corresponde ao *período composto*. Em síntese, os exemplos (286) e (287) só atendem ao conceito de frase; o exemplo (288) atende aos conceitos de frase, oração e período simples; (289) atende ao conceito de frase, a qual se constrói por meio de duas orações que formam o período composto.

6. ORAÇÃO

É a construção linguística cuja base caracterizadora é o verbo. Cada forma verbal, simples ou perifrástica, representa uma oração. Aliás, às vezes o verbo, isoladamente, já representa uma oração. Vejam-se os exemplos.

> (290) José não ***foi trabalhar*** hoje. (uma oração [verbo perifrástico ou locucional])
>
> (291) Os funcionários ***param*** amanhã por melhores salários. (uma oração)
>
> (292) ***Chegamos*** à praia, / mas ***havia*** pouco sol. (duas orações)
>
> (293) ***Confesso*** / que ***estou*** em dúvida. (duas orações)
>
> (294) O deputado João Alves ***disse*** / que ***ganhou*** várias vezes na loteria / porque Deus o ***ajudou***. (três orações)[43]

7. PERÍODO

É a frase construída com uma ou mais orações. Havendo uma oração apenas, classifica-se o período como **simples** e a oração

---

43 Mais à frente, focalizar-se-ão as chamadas "orações-termo" (orações subordinadas), que não são vistas por alguns estudiosos como orações autênticas.

como **absoluta**; havendo duas ou mais orações, diz-se que o período é **composto**.

Exemplos:

(295) Apesar de todos os esforços, José não ***conseguiu*** aprovação no concurso.

(296) Maria ***chegou*** / mas ***saiu*** depressa.

(297) "O homem / que ***pensa*** / ***é*** uma dádiva." [P. E. da Silva Ramos]

(298) Quando José ***chegar***, **diga**-lhe que ***preciso falar*** com ele.

O exemplo (295) contém uma oração (período simples / oração absoluta), caracterizada pelo verbo '*conseguiu*'. Em (296) e (297), há duas orações (verbos '*chegou*' e '*saiu*' [296], '*pensa*' e '*é*' [297]), o que representa período composto. Também se exemplifica período composto em (298), o qual possui três orações, que se caracterizam pelos verbos '*chegar*', '*diga*' e '*preciso falar*' (este último perifrástico ou locucional).

Por outro lado, vejam-se abaixo estes conceitos de *oração*:

a) Oração é a frase – ou membro de frase – que se biparte normalmente em sujeito e predicado. (Rocha Lima, 1994: 234)

b) ORAÇÃO – Frase elementar, livre ou dependente, em que um propósito definido de comunicação linguística se formula num esquema discursivo, prestando-se a uma análise (...) dos constituintes, a um tempo formal e mental. (Camara Jr., 1981: 183)

c) **Oração** é uma frase que apresenta determinado tipo de estrutura interna, incluindo sempre um **predicado** e frequentemente um **sujeito**, assim como vários outros termos. (Perini, 1998: 61)

Nas três definições, vê-se que os autores não estabelecem distinção clara entre os conceitos de *frase* e *oração*, o que representa algo bastante perturbador para a compreensão dos que se iniciam nos estudos sintáticos. Muitos autores chegam a dizer, inclusive, que a sintaxe é o estudo da frase (cf., por exemplo, Vilela & Koch, 2001: 285-6), desconsiderando as inúmeras frases nominais (vocábulos isolados, interjeições) que, obviamente, não constituem objeto de estudo da sintaxe.

O esforço aqui vai no sentido de haver uma demarcação mais clara entre os dois conceitos, sendo a **frase**, em sentido estrito, **objeto de estudo semântico**, pertencente ao campo discursivo, ao passo que a **oração**, também *stricto sensu*, representa um **componente linguístico-gramatical, passível de observação e análise sintática**.

Vejam-se os exemplos abaixo.

(299) o carro bonito

Trata-se de um sintagma nominal. Não é frase, visto não se tratar de um enunciado cujo sentido se possa depreender completamente; não é oração, pois falta o elemento caracterizador: a forma verbal simples ou perifrástica; não é período, já que não há oração que o constitua.

(300) Respeito o aluno / ***que se esforça***.

O período inteiro é uma frase, por se tratar de um enunciado de sentido completo; a primeira oração, não destacada, também é uma frase – enunciado de sentido completo. A oração subordinada (em destaque), contudo, não é uma frase, uma vez que, isoladamente, não é um enunciado de sentido completo; por consequência, essa oração subordinada também não será um período, cujo conceito envolve a existência de oração e frase concomitantemente.

(301) José foi ao mercado / ***e comprou legumes***.

O período inteiro e a oração não destacada são também *frases* – enunciados cujo sentido se pode depreender completamente. A oração em destaque só se pode considerar frase excluindo-se o conector e pressupondo-se o pronome-sujeito a partir da primeira oração. A rigor, isolando-se a oração ***e comprou legumes*** (uma coordenada sindética aditiva), não se trata de uma frase, uma vez comprometido o sentido sem o auxílio dos mecanismos de pressuposição por meio da oração precedente. Ainda assim será uma oração, ou seja, **um componente linguístico não precisa ser frase para que seja uma oração**. Já o período, para que assim se designe, requer necessariamente que haja ao menos uma oração e que essa oração seja também uma frase.

8. SINTAXE DO PERÍODO SIMPLES

A tripartição proposta pela tradição gramatical para os termos da oração (*essenciais*, *integrantes* e *acessórios*) se tem mostrado inconsistente para dar conta dos aspectos sintáticos normalmente envolvidos nas orações da nossa língua. Por conta disso, parece de bom grado rever essas terminologias e propor uma nomenclatura substitutiva. É o que se tenta fazer aqui.

I. Terminologia tradicional

a) **termos essenciais**[44]: sujeito e predicado
b) **termos integrantes**: complementos verbais (objetos direto e indireto), complemento nominal e agente da passiva
c) **termos acessórios**: adjunto adnominal, adjunto adverbial e aposto
d) **termos à parte**: vocativo, palavras e locuções denotativas

II. Terminologia substitutiva

a) **funções abrangentes**: sujeito e predicado
b) **funções complementares**: complementos verbais (objetos direto e indireto), complemento nominal, predicativo do sujeito e do objeto
c) **funções adjuntas**: adjunto nominal, adjunto verbal, agente da passiva, aposto
d) **funções à parte**: vocativo, vocábulos e locuções denotativos

---

44 Said Ali (1969: 125-6) adota a designação "*termos primários*".

8.1. Funções abrangentes[45]

8.1.1. Sujeito

A tradição gramatical considera *sujeito* "o ser de quem se diz alguma coisa" (cf. Ali, 1969: 125; Cunha, 1994: 137; Rocha Lima, 1994: 234). No trabalho escrito a título de Dissertação de Mestrado em Língua Portuguesa (Peixoto Filho, 2001), tentou-se demonstrar o "estrago" que esse tipo de definição pode causar na compreensão de um adolescente de 8º., 9º. ano, faixa em que normalmente se estuda a noção de sujeito. Numa oração do tipo '*Havia um homem no colégio*', o aluno, baseado na definição tradicional, dirá com justiça que o sujeito é *um homem*, já que é sobre esse *ser* que se diz alguma coisa.

A partir dos estudos realizados, a proposta é que se classifique *sujeito* como **a função sintática a partir da qual o verbo se flexiona** (*op. cit.*, p. 57), o que implica dizer que o sujeito é a função sintática gerenciadora da flexão verbal. Trata-se, em síntese, do pronome-sujeito (ou *pronome nominativo*, nos termos de Ali, 1950): componente linguístico que dá origem à flexão verbal.

Confiram-se exemplos a partir dos itens lexicais destacados.

> (302) Uma ***parte*** dos torcedores que foram ao Maracanã ***voltou*** frustrada.
>
> (303) "***Disseste*** que se tua voz tivesse força igual à imensa dor que ***sentes***, teu grito acordaria não só a tua casa, mas a vizinhança inteira." [Renato Russo]
>
> (304) ***Façamos*** corretamente as nossas tarefas.

Em (302), tem-se sujeito de 3ª. pessoa do singular (*ela* – uma ***parte*** dos torcedores que foram ao Maracanã) levando o verbo *voltar* a flexionar-se nessa pessoa. Note-se, aliás, que o predicativo do sujeito (*frustrada*) aparece sem a marca de plural e flexionado em gênero, concordando, a exemplo do verbo, com o núcleo do sujeito (***parte***). Em (303), considerados os destaques, tem-se sujeito de 2ª. pessoa do singular (*tu*, indicado pelo morfema de número e pessoa *-ste* [em disseste] e *-s* [em sentes]). No exemplo

---

45 ***Abrangentes*** porque **abrangem** o todo oracional.

(304), por fim, assinale-se o sujeito de 1ª. pessoa do plural (*nós* – indicado pelo morfema de número e pessoa *-mos*).

8.1.1.1. Sujeito simples explícito

É aquele que aparece explicitamente na oração e contém apenas um núcleo.

Exemplos:

(305) A ***organização*** do evento ***liberou*** a entrada das crianças.

(306) ***Ela*** já não ***está*** mais aqui.

(307) ***Compareceram*** à reunião os ***professores*** convidados.

(308) A ***maioria*** dos candidatos ***considerou*** a prova difícil.

(309) Naquela noite, o ***ginásio*** não ***suportava*** tantos torcedores.

Note-se que o sujeito simples explícito é ordinariamente representado por um SN, que pode ser um vocábulo único (SN unimembre), caso em que não há que se falar em "núcleo". Em (306), por exemplo, cujo sujeito simples explícito é o pronome lexicalizado ***ela***, não parece haver coerência em se defender a ideia de um núcleo. Nos exemplos restantes, tem-se como sujeito SNs trimembres ([a ***organização*** do evento: 305]; [os ***professores*** convidados: 307]; [a ***maioria*** dos candidatos: 308]); e bimembre (o ***ginásio***: 309), situações em que há obviamente núcleos sintagmáticos e, por consequência, núcleos do sujeito.

8.1.1.2. Sujeito composto

É aquele que aparece explicitamente na oração e contém dois ou mais núcleos.

Exemplos:

(310) São essenciais à vida *o* ***amor*** *e o* ***respeito***.

(311) ***Teresa*** *e* ***Maria*** eram amigas.

(312) ***Alunos***, ***professores*** *e* ***funcionários*** fizeram manifestação em frente à faculdade.

(313) ***Eu*** *ou* ***você*** compraremos o ventilador.

(314) Apesar de inúmeros protestos, ***deputados*** *e* ***senadores*** votaram pelo corte no orçamento.

Não se abraça aqui a tese de que o sujeito composto represente um sintagma único na superfície gramatical. Na verdade, esse tipo de sujeito se qualifica *composto* porque se forma com dois ou mais sintagmas. Estes, contudo, unidos e representados pronominalmente, podem-se transformar num sintagma único.

Assim, no exemplo (310), com dois SNs, e (312), com três SNs, o sujeito composto é virtualmente o pronome nominativo ***eles***; os exemplos (311) e (314), feitos com dois SNs, representam-se pelos pronomes-sujeito ***elas*** e ***eles***, respectivamente; o exemplo (313), também composto por dois SNs, representa-se pelo pronome-sujeito ***nós***.

Essas virtualidades pronominais são facilmente percebidas por meio da flexão verbal: em (310), amor e respeito (eles) ***são***; (311): Teresa e Maria (elas) ***eram***; (312): alunos, professores e funcionários (eles) ***fizeram***; (313): eu ou você (nós) ***compraremos***; (314) deputados e senadores (eles) ***votaram***.

8.1.1.3. Sujeito simples implícito

É aquele que não aparece na oração, mas pode reconhecer-se facilmente pela flexão do verbo.

Exemplos:

(315) ***Livre-se*** das más companhias. (sujeito: *você*)

(316) ***Sou*** professor. (sujeito: *eu*)

(317) ***Chegamos*** à festa por volta das onze horas. (sujeito: *nós*)

(318) Em minha opinião, ***foste*** irresponsável em tuas palavras. (sujeito: *tu*)

(319) ***Livrem-se*** das más companhias. (sujeito: *vocês*)

Na sequência, na oração imperativa em (315), o verbo *'livrar-se'* (pronominal) se flexiona a partir do pronome-sujeito *você*, de terceira pessoa do singular. Em (316), o verbo *'ser'* se flexiona no presente do indicativo a partir da primeira pessoa do singular, que é o sujeito da oração. Em (317), flexiona-se o verbo *'chegar'*, no pretérito perfeito do indicativo, a partir da primeira pessoa do plural, que é o sujeito da oração. No exemplo (318), o verbo *'ser'* está flexionado no pretérito perfeito do indicativo a partir da segunda pessoa do singular – o sujeito da oração. Finalmente, o exemplo (319) apresenta também o verbo *'livrar-se'*, no imperativo afirmativo, flexionado a partir da terceira pessoa do plural – o sujeito da oração. Todos esses sujeitos não são *"ocultos"*, pois se mostram expressos pelas flexões verbais.

A propósito, cabe sublinhar que a designação *"sujeito oculto"*, já tradicional nos estudos de Português, não encontra qualquer agasalho na sintaxe ou mesmo na semântica da língua. Segundo o Dicionário Houaiss, por exemplo, *oculto* é "o que está escondido, encoberto" ou "desconhecido" (cf. p. 2049). Não se trata, obviamente, do que ocorre na sentença em que o pronome-sujeito fica pressuposto pela flexão do verbo.

Talvez mais fáceis de defender sejam as designações *sujeito desinencial* ou *sujeito elíptico*, a primeira associada à desinência (morfema) de número e pessoa que permite identificar o pronome-sujeito, a segunda amarrada à *elipse* – figura de sintaxe que consiste em omitir um elemento linguístico pressuposto.

Destaque-se, no entanto, que o português é uma língua *pró-drop*[46], permitindo a queda do pronome-sujeito na primeira e segunda pessoas, seja do singular ou do plural. Uma característica sintática natural da língua talvez não se deva associar a um recurso especial de linguagem. Dito de outro modo, há certo exagero em considerar *elipse* um pronome que não aparece porque o verbo já o identifica, motivo pelo qual também não se adota neste trabalho a qualificação *elíptico* para o *sujeito simples implícito*.

46 As gramáticas das *línguas pró-drop*, também chamadas *línguas de sujeito nulo*, permitem a queda do pronome-sujeito nas sentenças. A oração *'Caminhávamos pelo parque'*, cujo sujeito está pressuposto na flexão verbal, é um exemplo clássico da característica pró-drop do português.

8.1.1.4. Orações sem sujeito

São orações cujo verbo não aparece conjugado a partir da sequência normal de pronomes-sujeito. Assim, diz-se que a oração não tem sujeito porque o verbo não pode ser associado aos pronomes-sujeito num esquema prototípico de conjugação.

Exemplos:

(320) ***Ventou*** muito naquela manhã.

(321) Apesar de tudo, ***há*** chances de vitória.

(322) ***Era*** no tempo das grandes navegações.

(323) ***Chega*** de maldades!

Note-se que a conjugação normal dos verbos acima destacados, sem qualquer apelo a aspectos metafóricos, geraria sentenças agramaticais. Confira-se:

*eu ventei muito naquela manhã / *tu ventaste muito naquela manhã / *ele ventou muito naquela manhã etc.

*apesar de tudo, eu hei chances de vitória / *tu hás chances de vitória / *ele há chances de vitória etc.

*eu era no tempo das grandes navegações / *tu eras no tempo das grandes navegações / *ele era no tempo das grandes navegações etc.

*eu chego de maldades / *tu chegas de maldades / *ele chega de maldades etc.

Não obstante essa argumentação, o fato de o verbo estar flexionado na terceira pessoa do singular (pessoa neutra ou não marcada) pode autorizar que se enxergue nessa pessoa um *sujeito simples implícito*, isto é, uma pessoa pronominal, gramatical, que dá origem à flexão, restringindo essa análise ao aspecto puramente sintático da língua. Em outras palavras, havendo um verbo flexionado, fatalmente haverá um pronome-sujeito a originar essa flexão, ainda que não seja possível a reescritura da sentença em outras pessoas pronominais.

8.1.1.5. Sobre o "sujeito indeterminado"

Em trabalho já referido, tentou-se comprovar que a taxonomia *sujeito indeterminado*, a exemplo do conceito de *frase*, não pertence ao nível sintático da língua. Na verdade, o que se pode indeterminar é o referente do pronome-sujeito, explícito ou não na oração. Em outras palavras, expondo-se ou não o pronome-sujeito na sentença, pode haver alguma vaguidade semântica associada a esse pronome. Veja-se o que foi dito.

> A designação '*sujeito indeterminado*' é outra nomenclatura que não encontra agasalho na sintaxe da língua. O que pode estar especificado ou não é o agente da ação expressa pelo verbo, o que não tem que ver com o sujeito da oração. Se fizermos uma análise sintático-semântica das frases:
>
> (11) Alguma coisa ***aconteceu***.
> (12) ***Escolheram*** o candidato do PT.
> (13) ***Trabalha-se*** muito em nosso país.
> (14) ***Precisa-se*** de funcionários.[47]
>
> Será fácil observar que (i) todas elas têm o verbo flexionado, e portanto têm sujeito – a terceira pessoa pronominal, do singular em (11), (13) e (14), do plural em (12); e que (ii) talvez a que possua o sujeito com o referente menos especificado seja justamente a frase (11), cujo sujeito é classificado pela GE[48] como simples.
>
> Outro fator importante: o chamado *se* "indeterminador" em (13) e (14) representa, muito mais do que um índice de indeterminação, um recurso para tornar a terceira pessoa ainda menos associada a um referente específico, o que não significa que os participantes do jogo discursivo desconheçam a referência das construções.
>
> Em frases com as fórmulas sintéticas VI + SE ou VTI + SE, a ausência de um referente específico não o torna necessariamente "indeterminado". A rigor, quando se diz *vive-se bem neste lugar* ou *morre-se de fome no Brasil*, a pessoa que vive bem ou morre de fome faz parte do conhecimento prévio ou do modelo cultural internalizado dos interlocutores (...), mas essa pessoa não é o

47 As numerações e destaques pertencem ao trabalho original.

48 Gramática escolar.

> sujeito sintático das orações e sim a interpretação semântica inferível em frases dessa natureza.
>
> Ao se falar, portanto, em formas variadas de indeterminar o sujeito (...), na verdade se está falando dos vários recursos discursivos usados para que se torne menos específico o conteúdo referencial do pronome-sujeito. (Peixoto Filho, 2001: 40-1)

Ou seja, o que existe de fato é uma possível semântica indeterminada que se associa pragmaticamente ao pronome-sujeito, o que não representa uma classificação de caráter sintático. Considerem-se mais alguns exemplos.

(324) Alguém pichou o muro da escola.

(325) Picharam o muro da escola.

(326) Aceitamos manicure.

(327) Precisa-se de manicure.

Não é preciso ser um especialista em interpretação de texto para que se perceba similaridade semântica entre (324) e (325), entre (326) e (327). Todavia, numa mistura não muito saudável de critérios, a tradição gramatical confere ao exemplo (324) o chamado *sujeito simples* (alguém); ao exemplo (326), o *sujeito "oculto"* (nós); aos exemplos (325) e (327), bastante distintos no plano estrutural, o *sujeito indeterminado*.

Se é o nível semântico que interessa, poder-se-ia chamar o sujeito de (326) e (327) de *determinado* ou *identificado*, pois os interlocutores sabem quem aceita manicure ou quem precisa de manicure. Já os exemplos (324) e (325), por seu turno, representariam *sujeitos não especificados* ou *desconhecidos*, dada a estratégia de omitir o autor da ação de pichar. Ora, como o que interessa aqui é o âmbito sintático, deve-se considerar o sujeito de (324) *simples explícito* e o dos demais exemplos, *simples implícito*.

Em síntese, o que se propõe aqui é a distribuição da categoria sintática intitulada **sujeito** em três subcategorias: **simples explícito**, **simples implícito** e **composto**. Existem, além dessas taxonomias, orações cujo verbo se mantém na pessoa neutra ou não marcada (terceira pessoa), não obedecendo à sequência de conjugação a partir dos pronomes-sujeito.

8.1.2. Predicado

Mesmo considerando a tradição gramatical, o conceito de predicado é menos polêmico do que o de sujeito. Aliás, o predicado se confunde com o verbo, visto que este normalmente é núcleo das predicações. *Predicado*, portanto, é a própria predicação, a própria oração destituída do sujeito. Excetuando-se o sujeito, o todo oracional é o predicado:

(328) A maior parte das pessoas ***tem dúvidas sobre vários assuntos.***

Excetuando o sujeito (*a maior parte das pessoas*), o restante da oração (em destaque) é o predicado.

Se o sujeito não aparece expresso na oração, esta representa o predicado em sua totalidade:

(329) De certa forma, somos também responsáveis por este estado de coisas.

O sujeito simples implícito (***nós***), a partir do qual se flexiona o verbo '*ser*', evidentemente não aparece na oração acima, que se torna, portanto, também um predicado em sua totalidade.

Obs.: Em termos escolares ou didáticos, particularizando o ensino fundamental, só se estudam as noções de *sujeito* e *predicado* para que se faça corretamente a concordância verbal. Assim, as tradicionais classificações dessas funções sintáticas parecem despropositadas no nível de escolaridade citado, uma vez que não há, necessariamente, relação entre elas e a flexão adequada do verbo. O que cabe ao estudante é perceber qual pronome-sujeito está por trás de determinado sintagma, observando a correta flexão verbal. Por exemplo, numa oração do tipo '*A casa das meninas chinesas fica no alto do morro*', cumpre verificar que o pronome *ela*, de 3ª. pessoa do singular, está por trás do SN *a casa das meninas chinesas*, motivo por que o verbo deve flexionar-se nessa pessoa pronominal. Já numa oração do tipo '*José e Maria fizeram as pazes*', o pronome implícito nos SNs *José* e *Maria* é *eles*, o que determina a flexão em 3ª. pessoa do plural.

Segundo a tradição gramatical, há três tipos de predicado:

8.1.2.1. Predicado verbal

É a praxe da língua – o verbo como núcleo da predicação. Se não existe no predicado um predicativo do sujeito ou do objeto, diz-se que esse predicado é *verbal.*

Exemplos:

(330) O menino ***caminhava*** no parque.

(331) Maria ***fez*** o exercício.

(332) Não ***assisti*** ao filme.

(333) José ***dedicou*** a vida aos irmãos.

Nos exemplos acima, os verbos se classificam quanto à predicação, na sequência, como intransitivo (330), transitivo direto (331), transitivo indireto (332) e bitransitivo (333). Todos esses verbos funcionam sintaticamente como núcleo do predicado. Tem-se, portanto, nas quatro orações, predicado verbal.

8.1.2.2. Predicado nominal

Dá-se quando o verbo funciona como introdutor explícito de um sintagma que, dentro do predicado, delimita, qualifica ou caracteriza o referente do sujeito (*predicativo do sujeito*). É, aliás, a única situação em que o verbo não funciona como núcleo do predicado. A estrutura do predicado nominal, portanto, é basicamente esta: VL + PdoS (verbo de ligação + predicativo do sujeito).

Exemplos:

(334) Ela ***está bonita*** *hoje.*

(335) ***Continuamos felizes***, apesar das dificuldades.

(336) José ***é advogado***.

Em (334) e (335), os verbos *estar* e *continuar* introduzem explicitamente os SAdjs. *bonita* e *felizes*. Em (336), o verbo *ser* também introduz, de modo explícito[49], o SN *advogado*. Nos três exemplos, os verbos são *transpositores*, uma vez que transportam a função nuclear para os nomes-predicativo, os quais, nessa qualidade de núcleo, caracterizam, junto ao verbo, o predicado nominal.

Bechara (2009: 209) questiona o fato de o verbo de ligação não funcionar como núcleo do predicado:

> A tradicional distinção de duas subclasses em verbos *nocionais* e *relacionais*, que está na base da distinção *predicado verbal* e *predicado nominal*, tem sido posta em questionamento por notáveis linguistas modernos. Esta distinção é válida sob certo aspecto semântico, mas não no que se refere à sintaxe; o núcleo da oração é sempre o verbo, ainda que se trate de um verbo de significado léxico muito amplo e vago (costuma-se dizer "vazio", o que justifica a denominação tradicional de "cópula" – marca gramatical de identidade – e a classificação "relacional" de Said Ali). O verbo *ser* e o reduzido grupo de verbos que integram a constituição do chamado predicado nominal em nada diferem dos outros verbos (...).

Em que pesem as palavras do autor, é preciso lembrar que as relações sintáticas *verbo-complemento* e *verbo-predicativo* são bastante diferentes no plano sintático. O complemento está integrado ao verbo (daí a classificação tradicional *termo integrante*); o predicativo do sujeito, como bem diz a nomenclatura, está associado sintática e semanticamente ao sujeito, ainda que apareça no predicado. Dadas as orações '*O menino está triste*' e '*O menino está na sala*', evidentemente não se trata do mesmo verbo, sendo as regências distintas. No SN *o menino triste*, o qualificador está associado ao núcleo nominal; não se pode, por outro lado, associar o SPrep. *na sala* ao núcleo *menino* num suposto SN *o menino na sala*. Nesse último caso, parece bem

---

49 Introduzir de modo explícito é diferente de preceder. Na sentença '*José* ***estava*** *contente*', o verbo pressupõe em sua predicação o complemento predicativo, tratando-se, portanto, de um **verbo de ligação**. Já na sentença '*José* ***sorria*** *contente*', o verbo precede o predicativo, mas não o introduz, pois não o pressupõe em sua predicação, tratando-se, portanto, de um **verbo intransitivo**.

mais razoável pleitear a elipse de algum verbo predicador (*está, fica, permanece* etc.).

As associações verbo-complemento e sujeito-predicativo ficam melhor exemplificadas abaixo:

(337) O José ***faz roupas***.

(338) O José ***é alfaiate***.

(339) A Maria ***administra a empresa***.

(340) A Maria ***é administradora***.

Pode-se dizer que todos verbos, nos exemplos acima, pressupõem complemento. Contudo, o predicado de (337) e (339) é verbal, ao passo que o predicado de (338) e (340) é nominal. Sintaticamente, a relação de concordância entre sujeito e predicativo do sujeito permite gerar, a partir de (338) e (340), os SNs '*o José alfaiate*' e '*a Maria administradora*'. Trata-se de um arranjo sintático agramatical entre sujeito e OD nos exemplos (337) e (339): **o José roupas*, **a Maria a empresa*.

Ainda considerando o destaque de Bechara, talvez mais adequado seja enfatizar a diferença entre uma análise sintática de cunho sintagmático e a sintaxe tradicional do período simples, tratando-se de dois métodos descritivos bastante distintos. Desse modo, assim como não se pode isolar um SN e associá-lo indelevelmente à função sintática chamada *sujeito*, também não há consistência descritiva em associar um SV à função sintática intitulada *predicado* em sua totalidade. Dito de outra forma, assim como nem todo SN funciona sintaticamente como sujeito, nem todo SV representa o predicado inteiro de uma oração.

Dão-se abaixo três exemplos a partir dos quais serão propostas as duas descrições.

(341) O José trabalha muito naquela fábrica.

(342) Ontem houve tumulto na reunião.

(343) José e Maria são trabalhadores.

ANÁLISE SINTÁTICA DE (341)	
Sujeito simples explícito	***o José***
núcleo do sujeito simples explícito	José
adjunto nominal	o
Predicado verbal	***trabalha muito naquela fábrica***
núcleo do predicado e verbo intransitivo	trabalha
adjunto verbal de intensidade	muito
adjunto verbal de lugar	naquela fábrica

ANÁLISE SINTÁTICA DE (342)	
Oração sem sujeito	
Predicado verbal	***ontem houve tumulto na reunião***
núcleo do predicado e verbo transitivo direito	houve
objeto direto	tumulto
adjunto verbal de tempo	ontem
adjunto verbal de lugar	na reunião

ANÁLISE SINTÁTICA DE (343)	
Sujeito composto	***José e Maria***
núcleos do sujeito	José, Maria
elemento conector	e
Predicado nominal	***são trabalhadores***
verbo de ligação	são
núcleo do predicado e predicativo do sujeito	trabalhadores

ANÁLISE SINTAGMÁTICA DE (341)	
SN	o José
SV	trabalha
SAdv. primitivo	muito
SAdv. derivado	naquela fábrica

ANÁLISE SINTAGMÁTICA DE (342)	
SN	tumulto
SV	houve tumulto
SAdv. primitivo	ontem
SAdv. derivado	na reunião

ANÁLISE SINTAGMÁTICA DE (343)	
SN	José
SN	Maria
SN	trabalhadores
SV	são trabalhadores

Ainda que seja comum estabelecer conexões entre sintagmas e funções sintáticas, as descrições acima demonstram opções descritivas bastante diferençadas que apontam para um detalhamento maior da análise sintática tradicional em comparação com a fotografia sintagmática da sentença.

No caso dos verbos intransitivo (341) e transitivo (342), há coincidência entre o núcleo do predicado e o núcleo do SV; já com o verbo de ligação (343) essa coincidência se desfaz, pois esse tipo de verbo, embora seja núcleo do SV, não é núcleo do predicado. Outra distinção sintática bem marcada: há sintagmas diversos que fazem parte do predicado em sua totalidade. Em (341), o predicado verbal '*trabalha muito naquela fábrica*' se constrói com três sintagmas, um verbal (*trabalha*) e dois adverbiais (*muito* e *naquela fábrica*). Em (342), a oração inteira é um predicado verbal, dada a ausência do pronome-sujeito. Esse predicado é feito com quatro sintagmas: o SN (*tumulto*), o SV (verbo transitivo mais complemento: *houve tumulto*), dois SAdvs. (*ontem* e *na reunião*). Em (343), o predicado '*são trabalhadores*' é feito com dois sintagmas, um nominal (*trabalhadores*) e o SV (verbo de ligação [núcleo do SV, mas não do predicado] mais complemento predicativo [núcleo do predicado nominal, mas não do SV]).

Ainda sobre a questão do predicado nominal, não parece consistente chamar os verbos transitivos e intransitivos de "nocionais" ou "significativos" e os verbos de ligação de "relacionais", como se estes não exprimissem noções semânticas, e aqui funciona bem a crítica de Bechara (*op. cit.*). Os mais prototípicos verbos de ligação, *ser* e *estar*, expressam em português diferentes noções semânticas: fato permanente (*ser*) e fato provisório (*estar*). No âmbito do magistério, por exemplo, é muito comum ouvir de colegas a sentença '*Eu não sou diretor; eu estou diretor*', onde essa distinção semântica fica bastante clara.

8.1.2.3. Predicado verbo-nominal

Ocorre quando aparecem no predicado, concomitantemente, um verbo nuclear (um verbo que não seja *de ligação*) e um predicativo (do sujeito ou do objeto). Tem-se, no caso, uma espécie de mistura sintática[50]: duas orações com predicados distintos se mesclam, dando origem a uma oração apenas: '*Os jovens **voltaram** do passeio*' (predicado verbal) + '*Os jovens estavam **felizes***' (predicado nominal), dando origem a '*Os jovens **voltaram felizes** do passeio*' (predicado verbo-nominal). Vejam-se mais exemplos (os núcleos do predicado aparecem grifados).

> (344) ***Preciso*** da Maria ***feliz*** nesta casa. (*preciso*: verbo transitivo indireto; *da Maria*: objeto indireto; *feliz*: predicativo do objeto indireto)
>
> (345) Nós o ***elegemos presidente***. (*elegemos*: verbo transitivo direto; *o*: objeto direto; *presidente*: predicativo do objeto direto)

---

50 Cf. Rocha Lima (1994: 239), que chama o predicado verbo-nominal de *predicado misto*.

(346) Os brasileiros ***trabalham cansados*** no final do ano. (*trabalham*: verbo intransitivo; *cansados*: predicativo do sujeito)

Dados os exemplos, veem-se dois princípios sintáticos imutáveis, por assim dizer: *a)* todo verbo que não seja *de ligação* é núcleo do predicado; *b)* todo predicativo, seja do sujeito ou do objeto, é núcleo do predicado. Como em (344) e (345) há verbos transitivos e predicativos do objeto, essas categorias sintáticas funcionam como núcleos do predicado, o que implica o predicado com dois núcleos (verbo-nominal). Em (346) ocorre algo similar, visto que o verbo intransitivo e o predicativo do sujeito são também núcleos do predicado, ou seja, predicado com dois núcleos, um verbo e um nome (predicado verbo-nominal).

8.2. Funções complementares

8.2.1. Complementos verbais

São sintagmas cuja função é complementar a regência de **verbos de ligação** ou **verbos transitivos**, os quais implicam em sua predicação um sintagma-complemento.

Dão-se abaixo os tipos de complemento verbal.

8.2.1.1. Objeto direto

O *objeto direto* (OD) complementa a predicação de um verbo transitivo direto (VTD), tratando-se de um complemento que normalmente se liga ao verbo diretamente, sem auxílio de uma preposição.

Exemplos:

(347) José faz ***doces*** à noite.

(348) Maria vai vender ***o apartamento***.

(349) A polícia libertou ***os manifestantes***.

Os SNs *doces* em (347), *o apartamento* em (348) e *os manifestantes* em (349) complementam, respectivamente, a predicação dos verbos *faz, vai vender* (perifrástico) e *libertou* – os quais dispensam a preposição para associar-se ao complemento.

Por razões estilísticas ou para evitar ambiguidade sintático-semântica, pode-se eventualmente *preposicionar* o objeto direto. Veja-se abaixo.

(350) Ele odiava ***ao próprio irmão***.

(351) Honra ***a teu pai***.

Os verbos '*odiar*' e '*honrar*', nos exemplos acima, são transitivos diretos, uma vez que sua predicação pressupõe complemento não regido de preposição. Apesar disso, optou-se estilisticamente pelo uso do conector *a* nos complementos verbais, ou seja, criaram-se **objetos diretos preposicionados**.

Por outro lado, o enunciador pode, em certos casos, iniciar a oração com o OD e retomá-lo no decorrer da sentença. Tal estratégia tem sido chamada **objeto direto pleonástico** ou **topicalização**. Por exemplo, a sentença '*A vida, eu a conheço*' corresponde à seguinte estrutura sintática: OD (*a vida*) + SSE (*eu*) + OD (*a* – retomada anafórica de *a vida*) + VTD (*conheço*).

8.2.1.2. Objeto indireto

O *objeto indireto* (OI) complementa a predicação de um verbo transitivo indireto (VTI), isto é, um verbo que pressupõe um complemento regido de preposição. Todo objeto indireto é, portanto, real ou virtualmente, um sintagma preposicionado (SPrep.). Confiram-se os exemplos.

(352) José acredita ***em Deus***.

(353) Maria gostava ***de vinho branco***.

(354) Teresa dedicará o período vespertino ***às reuniões remotas***.

Os complementos *em Deus* (352), *de vinho branco* (353) e *às reuniões remotas* (354) são, respectivamente, regidos pelas preposições *em, de* e *a*. Essa regência é demandada pelos verbos *acreditar* (352), *gostar* (353) e *dedicar* (354), os dois primeiros transitivos indiretos e o último, bitransitivo: acreditar *em algo ou alguém*; gostar *de algo ou alguém*; dedicar *algo a alguém*.

Para Rocha Lima, o objeto indireto é necessariamente o complemento preposicionado possível de substituir-se pelo clítico '*lhe(s)*', o que representa semanticamente uma entidade animada. Tal perspectiva faz com que o autor trabalhe com a taxonomia *transitivo relativo* para dar conta de verbos que exigem um complemento preposicionado que não se pode substituir pelo clítico. Por exemplo, '*gostar de um livro – *gostar-lhe*'; '*acreditar em uma teoria – *acreditar-lhe*'.

A posição do autor se sustenta na perspectiva etimológica de que o autêntico OI representaria "a pessoa ou coisa a que se destina a ação, ou em cujo proveito ou prejuízo ela se realiza" (Rocha Lima, 1994: 252).

Entende-se aqui essa ótica como a velha ponte equivocada entre *verbo, ação e beneficiário da ação*. Hoje já se sabe que não é consistente restringir o conceito de verbo às noções semânticas de *ação, estado ou fenômeno da natureza*, assim como não é adequado associar a noção de sujeito ao "ser" responsável por uma suposta ação. O motivo dessa inconsistência é simples: há inúmeros verbos cujo sentido não remete a noções atitudinais.

Considerem-se mais exemplos.

(355) José compra ***frutas***.

(356) José gosta ***de frutas***.

(357) José come ***comida vegetariana***.

(358) José acredita ***em comida vegetariana***.

Saindo do campo estritamente etimológico, caberia questionar por que apenas os complementos verbais não preposicionados em (355) e (357) mereceriam estatuto de objeto, associando-se os complementos preposicionados em (356) e (358) à qualificação vaga de "*relativos*". Não obstante o grande respeito pela obra de Rocha Lima, parece relevante ao menos rever a serventia de aumentar a carga descritiva sob alegações de caráter etimológico ou estritamente semântico. Por isso, a descrição sintática oferecida neste trabalho considera objetos indiretos quaisquer complementos de verbos cuja regência indique preposição.

Obs.: Há em português vários casos de homonímia perfeita – formas lexicais idênticas, porém distintas no plano semântico. Isso também vale para os verbos:

(359) José virou concreto pela manhã. (virou: VTD; concreto: OD)

(360) José virou diretor. (virou: VL; diretor: PdoS)

(361) José está no quarto. (estar: VTI; no quarto: OI)

(362) José está cabisbaixo. (está: VL; cabisbaixo: PdoS)

A elipse da preposição não parece suficiente para descaracterizar a transitividade de um verbo. Assim, certos VTIs continuam VTIs, ainda que a preposição esteja elíptica:

(363) Creio que ele não volta mais.

Acima, o verbo *crer* é transitivo indireto e a oração '*que ele não volta mais*' é subordinada substantiva objetiva indireta com a preposição *em* elíptica.

8.2.1.3. Predicativo do sujeito

Trata-se do complemento que, dentro do predicado, caracteriza ou qualifica o referente do pronome-sujeito, estabelecendo com esse referente uma relação de concordância nominal. O verbo que introduz o predicativo do sujeito é tradicionalmente chamado *verbo de ligação*[51].

(364) José está ***doente***.

(365) Maria será ***diretora da escola***.

(366) Teresa virou ***deputada***.

Os verbos *estar* (364), *ser* (365) e *virar* (366) são *de ligação* porque introduzem, explicitamente, um sintagma-complemento

51 Também *verbo-cópula* ou *transpositor*.

– predicativo do sujeito – que se encontra em relação de concordância nominal com os referentes dos pronomes-sujeito *ele* (José, em [364]), *ela* (Maria, em [365]) e *ela* (Teresa, em [366]).

APÊNDICE: SOBRE O PREDICATIVO DO OBJETO

Como já se sabe, não existem somente os predicativos do sujeito – os complementos verbais associados semântica e gramaticalmente aos pronomes-sujeito; há também os predicativos do objeto (PdoO), os quais podem associar-se tanto ao OD quanto ao OI. Chamado por Said Ali (1969: 127) de *anexo predicativo*, esse tipo de complemento parece compor a predicação do verbo em situações semânticas específicas. Nessa perspectiva, Azeredo (2008: 2019-20) propõe as terminologias *verbo transitivo direto e predicativo*, ao qual se associa o predicativo do objeto direto (PdoOD) e *verbo transitivo relativo e predicativo*, a que se vincula o predicativo do objeto indireto (PdoOI).

Confiram-se abaixo dois exemplos com essas categorias gramaticais.

(367) José considera **Maria** ***uma grande mulher***.

(**Maria:** OD – complemento do VTD *considera*; ***uma grande mulher*:** PdoOD)

(368) José necessita **dos trabalhadores** ***tranquilos*** na fábrica.

(**dos trabalhadores:** OI – complemento do VTI *necessita*; ***tranquilos*:** PdoOI)

Em (367), é preciso salientar que *Maria é um SN e uma grande mulher*, outro SN, cada qual exercendo uma função sintática distinta. Em (368), da mesma forma, *dos trabalhadores* é um SPrep. e *tranquilos*, um SAdj., ambos com funções sintáticas distintas.

Reitere-se que o predicativo do objeto (PdoO) é um sintagma que qualifica, caracteriza o complemento verbal sem fazer parte dele. Observe-se, portanto, que há dois sintagmas distintos: um que funciona sintaticamente como OD ou OI e outro, como PdoO. Nas sentenças '*Vi Maria compenetrada no quarto*' e '*Creio em Maria feliz nos próximos anos*', podem-se propor as paráfrases com os pronomes-complemento, porém esses pronomes não abarcarão os predicativos do objeto, como se nota a seguir: '*Vi-a compenetrada no quarto*'[52] e '*Creio nela feliz nos próximos anos*'. Nessas sentenças, apenas os sintagmas *a* e *nela são complementos verbais, sendo compenetrada* e *feliz* predicativos do objeto. Essa realidade sintática parece apontar para o caráter mesmo de "*anexo*", como assinala Said Ali (*op. cit.*), afastando a hipótese de uma só regência verbal.

8.2.2. Complemento nominal

Assim como ocorre com muitos verbos, certos nomes (substantivos, adjetivos e, mais raramente, alguns advérbios) implicam um sintagma preposicionado que lhes complemente a predicação: são os chamados **nomes transitivos.** O SPrep. que lhes complementa a predicação é chamado **complemento nominal.**

Exemplos:

(369) Às vezes tenho medo ***do futuro do meu país***.

(370) Maria foi fiel ***aos seus princípios***.

(371) Ele só falava relativamente ***à política***.

(372) O respeito ***à vida*** fez José mais inteligente.

O conteúdo semântico dos nomes, nos exemplos acima, pressupõe um sintagma preposicionado em função complementar. Assim, em (369) o SPrep. *do futuro do meu país* complementa a regência do substantivo *medo*; em (370), *aos seus princípios* é um sintagma regido (implicado) pela predicação do adjetivo *fiel*; no exemplo (371), há um advérbio de base nominal – *relativamente* – que demanda um SPrep. complemento: no caso, à política; em (372), finalmente, tem-se o substantivo *respeito* complementado pelo SPrep. à vida. Todos esses SPreps. complemento, associados a nomes de predicação transitiva, chamam-se *complementos nominais*.

52 O pronome acusativo de terceira pessoa, enclítico a verbos flexionados, está praticamente extinto no português oral do Brasil, sendo substituído pelo pronome lexicalizado: '*Vi ela compenetrada no quarto*'.

8.3. Funções adjuntas

O prefixo *ad-*, de origem latina, exprime noção de junção – *junto a, junto com, junto de. Adjunto adnominal*, portanto, significa *junto ao nome*, acrescentando-lhe uma informação; *adjunto adverbial*, por seu turno, significa *junto ao verbo*, acrescentando-lhe uma circunstância. Não é difícil notar que a presença do prefixo no segundo componente do sintagma (adjunto **adnominal**, **adverbial**), pelo próprio sentido do morfema, parece despropositada, razão pela qual se propõe aqui usar o prefixo apenas no primeiro componente (**adjunto nominal, adjunto verbal**).

8.3.1. Adjunto nominal

Como se coloca acima, adjunto nominal é o vocábulo ou locução que vem junto ao nome (ordinariamente um substantivo) acrescentando-lhe uma informação, a qual às vezes é imprescindível à proposta semântica do enunciador. Portanto, não procede a tese de que o adjunto nominal seja um termo "acessório", "dispensável à compreensão". Pelo contrário, às vezes é o adjunto nominal que fornece a pista para a correta interpretação da frase. Na oração '*A casa* ***da Márcia*** *é bonita*', o adjunto *da Márcia* é um termo restritivo, particularizador do núcleo nominal *casa*. É à casa *da Márcia* que se refere o enunciador, e não a outra casa qualquer. Considerando o plano semântico da oração citada, o papel do adjunto nominal é *"essencial"*, e não *"acessório"*. Não há, porém, uma relação de predicação ou regência entre o núcleo nominal e o adjunto, ou seja, o núcleo não é um nome transitivo, que implique complemento. O adjunto, desse modo, é acrescentado com finalidades semânticas diversas, mas não é um componente sintático exigido, em termos predicacionais, pelo nome nuclear.

Podem funcionar como adjunto nominal, principalmente, *adjetivos, artigos, numerais, pronomes adjetivos, pronomes oblíquos átonos, locuções genitivas* (que exprimem posse), *locuções adjetivas* e *orações subordinadas adjetivas restritivas*.

Exemplos:

(373) ***O*** sorriso ***do bebê*** era ***um*** encanto.

(374) ***Muitas*** pessoas chegaram encharcadas da rua.

(375) ***Os primeiros*** candidatos chegaram.

(376) ***Vinte*** pessoas comprarão ***os*** livros.

(377) ***Um*** espaço ***silencioso*** e ***arejado*** torna-se imprescindível a***o*** estudo ***sério***.

(378) ***O*** sentimento ***de posse*** perturba ***uma*** relação.

(379) ***A*** bicicleta ***do João*** é verde.

(380) ***O*** homem ***que se conscientiza de seus deveres*** trilha caminhos ***corretos***.

(381) Bateram-***lhe a*** carteira.

Em (373), os SNs *o sorriso do bebê* e *um encanto* apresentam os núcleos nominais *sorriso* e *encanto*, sendo o determinante ***o***, a locução genitiva ***do bebê*** e o qualificador ***um*** adjuntos nominais; no exemplo (374), há o SN *muitas pessoas*, no qual o qualificador ***muitas*** funciona como adjunto nominal do núcleo *pessoas*; o exemplo (375) contém o SN *os primeiros candidatos*, em que o determinante ***os*** e o qualificador ***primeiros*** são também adjuntos nominais do núcleo *candidatos*; o exemplo (376) apresenta dois SNs: *vinte pessoas* e *os livros*, os quais são estruturados sintaticamente com a mesma fórmula: DET. + NOME, que pode obviamente ser descrita com os determinantes ***vinte*** e ***os*** chamados de adjuntos nominais do núcleo *pessoas* e *livros*, respectivamente.

A sentença (377), por outro lado, contém o SN *um espaço silencioso e arejado* e o SPrep. *ao estudo sério*. No primeiro sintagma, o qualificador ***um*** e os qualificadores unidos por coordenação (***silencioso*** e ***arejado***) funcionam como adjuntos nominais do núcleo *espaço*; no segundo sintagma, o determinante ***o*** (junto à preposição *a*) e o qualificador ***sério*** também são adjuntos nominais do núcleo *estudo*. O SPrep. *ao estudo sério*, em sua totalidade, funciona sintaticamente como complemento do nome transitivo *imprescindível*. Em (378), os SNs *o sentimento de posse* e *uma relação* contêm, no primeiro sintagma, o determinante ***o*** e a locução adjetiva ***de posse*** como adjuntos nominais do núcleo *sentimento*; no segundo SN, o qualificador ***uma*** também é adjunto nominal do núcleo *relação*.

No exemplo (379), há o SN *a bicicleta do João*, no qual o determinante ***a*** e a locução genitiva ***do João*** funcionam como adjuntos nominais do núcleo *bicicleta*. Já na sentença exemplificada em (380), existe uma espécie de SN *complexo*, para usar o adjetivo regularmente utilizado por Perini (1998). É que o núcleo *homem* aparece determinado pelo adjunto nominal ***o*** e qualificado pela oração subordinada adjetiva ***que se conscientiza de seus deveres***, a qual também funciona como adjunto nominal, o que representa um mecanismo gramatical de *transposição*; no mesmo exemplo, há o SN *caminhos corretos*, feito com o núcleo (*caminhos*) e o adjunto nominal (***corretos***). Finalmente, em (381), o clítico ***lhe*** aparece em função sintática genitiva, portanto ***adjunta***, numa clara substituição ao possessivo *sua* ou à locução genitiva *dele/dela*. Ou seja, a sentença *'Bateram-lhe a carteira'* é, na verdade, uma reescritura das sentenças *'Bateram a carteira dele'* ou *'Bateram a carteira dela'* ou ainda *'Bateram a sua carteira'*. Nessas orações, os componentes ***dele***, ***dela*** e ***sua*** desempenham, junto com o determinante ***a***, função sintática de adjunto nominal do núcleo *carteira*.

Considerando uma sentença como a que foi analisada acima, Kury (1997) não abraça a função sintática de adjunto nominal. Segundo o autor, "*nunca se deve analisar um equivalente, mas a forma usada*". Acrescenta ainda o autor que "*o caráter de complemento verbal é mórfica e fonicamente nítido*" (p. 55).

Não parece acertado, todavia, o pensamento do autor, pois, ainda que se analise a "forma usada", não se pode deixar de enxergar o valor possessivo do pronome *lhe*. Com relação ao "caráter de complemento verbal", "mórfica e fonicamente nítido", segundo o autor, cumpre dizer que a morfologia e a fonologia estrita não entram no âmbito de uma análise sintática – que tem feição sintagmática, distributiva e semântico-organizacional. Por fim, o SPrep. indicado por Kury como representação de *lhe* (*a ele*) se configura muito pouco provável na língua cotidiana, mesmo considerando a variedade culta ou escolarizada: no português brasileiro hodierno, é bastante improvável uma construção do tipo *'Bateram a carteira a ele'*.

APÊNDICE: PRINCIPAIS DISTINÇÕES ENTRE ADJUNTO NOMINAL E COMPLEMENTO NOMINAL[53]

Pelo fato de uma expressão preposicionada desempenhar às vezes tanto a função de complemento nominal quanto a de adjunto nominal, cria-se às vezes certa confusão entre as duas funções sintáticas. Importa notar principalmente o seguinte:

a) o complemento nominal não se representa por locuções genitivas (de semântica possessiva) no interior de sintagmas nominais;

b) o complemento nominal é uma função sintática associada a substantivos, adjetivos e advérbios transitivos, ou seja, nomes que pressuponham em sua predicação um sintagma complemento, o qual será ordinariamente um SPrep.;

c) o adjunto nominal não se acopla a advérbios;

d) o adjunto nominal é uma categoria sintática de alcance muito mais amplo do que a função de complemento nominal, na medida em que pode representar-se por grande variedade de expressões linguísticas;

e) o adjunto nominal, por sua própria natureza, pode-se excluir do período sem comprometer a transitividade do elemento nuclear, daí a designação tradicional "*acessória*", ou seja, trata-se de um **acessório sintático**, o que não tem que ver com a importância semântica do elemento na frase.

Considerem-se alguns exemplos.

(382) A mesa ***da sala*** era muito bonita.

A locução ***da sala*** é adjunto nominal, pois se trata de uma perífrase que exprime noção possessiva (locução genitiva) no interior do SN: a mesa pertence à sala, faz parte dos móveis que compõem a sala.

---

53 Trata-se de distinções oferecidas aqui por razões descritivas, sem importância categórica para a produção de textos.

(383) O medo ***da sala*** deixava o menino trêmulo.

A locução ***da sala***, agora, é complemento nominal, já que não exprime, no interior do SN, noção possessiva: o medo não pertence à sala, e sim ao menino. Além do mais, *medo* é um substantivo transitivo, diferentemente de *mesa*.

(384) A bagunça ***do colégio*** nos causou sérios transtornos.

A perífrase ***do colégio*** é adjunto nominal, pois o substantivo *bagunça* não é transitivo, além de se tratar de uma locução que exprime noção possessiva no interior do SN (a bagunça pertence ao colégio).

(385) O retorno ***ao colégio*** nos causou sérios transtornos.

A locução ***ao colégio*** é complemento nominal, pois o substantivo *retorno* é transitivo: pressupõe um sintagma que lhe complemente a predicação.

Em frases ambíguas sintaticamente, apenas a correta depreensão do conteúdo semântico pode esclarecer se se trata de adjunto ou complemento nominal, o que não raro implica recorrer a fatores extralinguísticos. Vejam-se as orações abaixo.

(386) A saudade ***de José*** era forte.

(387) Eu vi o rio ***da calçada***.

Em (386), não se sabe se José sente saudade de alguém ou se alguém sente saudade de José. No primeiro caso, teríamos um adjunto nominal (a saudade pertence a José, portanto ***de José*** seria uma locução genitiva, de semântica possessiva); no segundo caso, teríamos um complemento nominal (*de José* apareceria simplesmente complementando o substantivo transitivo *saudade*, que não pertenceria a José, e sim a outra pessoa).

Em (387), não se sabe se a locução ***da calçada*** é uma expressão genitiva, indicando que o rio pertence à calçada (caso em que se classificará como **adjunto nominal**) ou se se trata de um **adjunto verbal de lugar** relativo ao verbo *ver*, ou seja, ver, de algum lugar, o rio. Dadas essas duas interpretações sintático-semânticas para (387), tem-se duas análises sintagmáticas:

ANÁLISE SINTAGMÁTICA I		
Eu	vi	o rio da calçada
SN	SV (núcleo + OD)	

ANÁLISE SINTAGMÁTICA II			
Eu	vi	o rio	da calçada
SN	SV (núcleo + OD)		SAdv.

8.3.2. Adjunto verbal

É a função sintática exercida principalmente por advérbios, que podem associar-se a um verbo, a um adjetivo ou, mais raramente, a outro advérbio. Contudo, não deixa de ser uma contradição um termo se referir a um nome (adjetivo) e classificar-se como *adjunto verbal*. Em frases do tipo '*Maria é bastante inteligente*', o intensificador ***bastante*** se associa ao adjetivo ***inteligente***. Ou seja, não se trata de um "termo que vem junto ao verbo (adjunto verbal) acrescentando-lhe uma circunstância". A solução seria classificar o advérbio, nesse tipo de ambiente sintático, como adjunto nominal (revendo a tese de que o adjunto nominal não alude a adjetivos); no caso, seria um adjunto nominal extraordinário, inflexionável. Valeria a pena a mudança de abordagem?

A verdade é que muitos advérbios e locuções adverbiais não concernem diretamente ao verbo, e sim a outros vocábulos do período ou mesmo à oração inteira, o que já foi discutido neste trabalho. Parece que isso decorre da abrangência do verbo como base das proposições. Se o verbo é a marcação sintática da oração, não há estranheza sintática no fato de o advérbio referir-se à oração como um todo. A propósito, as orações subordinadas adverbiais costumam modificar a oração principal como um todo, e não um termo específico.

Vejam-se alguns exemplos de adjuntos verbais.

(388) ***Hoje*** estamos ***mais*** atentos.

(389) **Talvez** haja mais chances ***no próximo concurso.***

(390) ***À noite*** ele ***só*** trabalha ***solitariamente***.

(391) Todos afirmam ***no bairro*** que João a feriu **com *uma faca.***

(392) A criança adormeceu ***quando a noite chegou***.

O exemplo (388) contém dois adjuntos verbais: ***hoje***, de semântica temporal, alusivo ao verbo *estar*; ***mais*** (intensificador) referente ao adjetivo *atentos*. Também há dois adjuntos verbais em (389): ***talvez*** (de dúvida, alusivo ao verbo *haver*) e ***no próximo concurso*** (de sentido locativo, em referência ao mesmo verbo). A sentença (390) apresenta três adjuntos verbais, todos concernentes ao verbo *jantar*: ***à noite*** (tempo), ***só*** (particularização), ***solitariamente*** (modo). No exemplo (391), há dois adjuntos verbais: ***no bairro*** (lugar, em alusão ao verbo *afirmar*), ***com uma faca*** (instrumento, em referência ao verbo *ferir*). Em (392), por fim, tem-se um adjunto verbal oracional, com expressão semântica de tempo, alusivo ao verbo *adormecer*: ***quando a noite chegou***.

Vê-se, portanto, que podem exercer função sintática de adjunto verbal *advérbios, locuções e orações adverbiais*. Além dessas categorias, é comum em português que sintagmas nominais e adjetivais também apareçam na sentença em função sintática de adjunto verbal. Confira-se abaixo.

(393) José realizou ***muitas vezes*** a mesma tarefa.

(394) ***Esta semana*** haverá festa no colégio.

(395) Teresa falou ***bonito*** na reunião com os pais.

O exemplo (393) expõe o SN ***muitas vezes*** funcionando como adjunto verbal de intensidade relativo ao verbo *realizar*; a sentença em (394) mostra o SN ***esta semana*** como adjunto verbal de tempo alusivo ao verbo *haver*; no exemplo (395), por fim, vê-se o SAdj. ***bonito*** funcionando como adjunto verbal de modo em referência ao verbo *falar*.

Nos casos de SNs funcionando como adjunto verbal, como em (393) e (394), embora seja possível enxergar-se uma espécie de *conversão* ou *derivação imprópria*[54], parece mais plausível notar a preposição regularmente elíptica, cuja presença caracterizaria o adjunto canônico: ***em muitas vezes*** (pouco comum de ocorrer no contexto sintático de [393]) e ***nesta semana*** (muito comum de ocorrer no contexto sintático de [394]).

A derivação imprópria é mais fácil de defender no exemplo (395), considerando a agramaticalidade de um suposto SPrep. (*em bonito, *com bonito). No caso, o adjetivo *bonito* é usado mesmo como adjunto verbal, sem qualquer argumento em favor da elipse. Além disso, não existe um suposto advérbio modal derivado do adjetivo *bonito*. Assim, (395) não pode ser reescrito como **Teresa falou bonitamente na reunião com os pais*. Desse modo, tem-se um caso de item lexical, originariamente adjetivo, que pode exercer, regularmente, funções sintagmáticas adjetivas e adverbiais, sem o mecanismo morfológico de formação de advérbio a partir de adjetivo flexionado em gênero.

8.3.3. Agente da passiva

É o sintagma preposicionado que identifica, na voz passiva analítica[55], o agente da ação expressa pela forma verbal perifrástica.

Exemplos:

(396) O leão foi morto ***pelos caçadores***.

(397) A casa está cercada ***de loucos***.

No português do Brasil, costuma-se omitir regularmente o agente da passiva sem nenhum prejuízo para a sintaxe da

54 Alteração da classe gramatical primária do vocábulo por meio da reorganização sintática.

55 É relativamente raro, ainda que possível em muitos casos, usar-se o agente da passiva na voz passiva sintética.

oração[56], motivo por que se considera aqui essa função **adjunta**, e não "integrante". Vejam-se os exemplos abaixo.

(398) O apartamento foi vendido.

(399) Os cofres públicos são assaltados todos os dias.

(400) A festa era realizada no salão nobre.

(401) João foi demitido.

Obs.: Aconselha-se critério na interpretação sintática da estrutura *verbo* **ser** ou **estar** + **particípio** como indicação inequívoca da voz passiva. A sentença '*Maria está apaixonada por José*', por exemplo, não é um caso de voz passiva, mesmo porque o suposto verbo principal, no particípio, não expressa semântica de ação, o que inviabiliza a noção de *voz verbal*. O particípio, nesse caso, é na verdade um adjetivo de origem participial – um nome transitivo, seguido de um complemento nominal. Veja-se abaixo a análise sintática completa.

<table>
<tr><th colspan="3">ORAÇÃO</th></tr>
<tr><td colspan="3">Maria está apaixonada por José</td></tr>
<tr><td>sujeito simples explícito</td><td colspan="2">predicado nominal</td></tr>
<tr><td rowspan="3">Maria</td><td colspan="2">está apaixonada por José</td></tr>
<tr><td>VL: está</td><td>PdoS: apaixonada</td></tr>
<tr><td colspan="2">CN: por José</td></tr>
</table>

8.3.4. Aposto

É um SN posposto a um nome no sentido de fornecer-lhe um acréscimo informativo, daí alguma semelhança com o adjunto nominal no caso dos apostos especificativos, que não aparecem em caráter isolado ou parentético.

SNs que funcionam sintaticamente como aposto podem representar-se por *substantivos*, *pronomes* e *orações subordinadas adjetivas explicativas*. A exemplo de várias taxonomias, a

56 A oração permanece gramatical sem o agente da passiva: *A casa será alugada*.

classificação do aposto se dá de acordo com a noção semântica expressa. Confira-se.

8.3.4.1. Aposto explicativo

(402) "Sete anos de pastor Jacó servia Labão, ***pai de Raquel, serrana bela***." [Luiz de Camões]

O SN ***pai de Raquel*** funciona como aposto explicativo em relação a *Labão*; o SN ***serrana bela*** funciona como aposto explicativo em relação a *Raquel*.

(403) Carl Gustav Jung, ***o grande psicanalista suíço***, dedicou-se nos últimos anos ao estudo da alquimia.

O SN ***o grande psicanalista suíço*** é aposto explicativo em relação a *Carl Gustav Jung*.

(404) José, ***que sempre foi meu amigo***, certamente me ajudará neste momento.

A oração subordinada ***que sempre foi meu amigo*** funciona sintaticamente como aposto explicativo em relação a *José*.

8.3.4.2. Aposto enumerativo

(405) A resolução dos problemas humanos assenta-se numa tríade básica: ***amor, sinceridade*** e ***respeito***.

Os SNs ***amor, sinceridade*** e ***respeito*** funcionam, conjuntamente, como aposto enumerativo em relação ao SN *uma tríade básica*.

(406) Tudo era motivo para seu descontrole – ***barulho, crianças, sorrisos***.

Os SNs ***barulho, crianças*** e ***sorrisos*** também funcionam conjuntamente como aposto enumerativo em relação ao SN *tudo*.

8.3.4.3. Aposto resumitivo

Faz um movimento inverso ao do aposto enumerativo, isto é, retoma, em caráter de resumo, o que foi enumerado anteriormente. Trata-se, portanto, de um mecanismo de retomada anafórica por meio de um SN.

Exemplos:

(407) Barulho, crianças, sorrisos: ***tudo*** o irritava.

O SN ***tudo*** é retomada anafórica de *barulho, crianças, sorrisos.*

(408) Amor, sinceridade, respeito – ***a tríade básica*** para a resolução dos problemas humanos.

O SN ***a tríade básica*** é retomada anafórica de *amor, sinceridade, respeito.*

8.3.4.4. Aposto especificativo

(409) A cidade ***do Rio de Janeiro*** é um lugar bonito.

A expressão preposicionada ***do Rio de Janeiro*** funciona sintaticamente como aposto especificativo em relação ao núcleo nominal *cidade.*

(410) A menina ***Júlia***[57] está crescendo.

O nome ***Júlia*** funciona sintaticamente como aposto especificativo em relação ao núcleo nominal *menina.*

57 A oração '*A menina Júlia está crescendo*' se estrutura sintaticamente por meio de dois sintagmas: um SN (a menina Júlia) e um SV (está crescendo). Trata-se de uma organização sintática especial, em que o nome substantivo *Júlia* não representa, por si só, um sintagma, visto que perdeu sua função nuclear ou designadora, acolhendo função especificativa ou qualificadora.

8.4. Funções sintáticas à parte

8.4.1. Vocativo

É o termo usado pelo emissor para dirigir-se ao interlocutor. O vocativo é representado ordinariamente por sintagmas nominais ou elementos substantivados. Na modalidade escrita, por se tratar de função sintática à parte, isola-se por vírgula em qualquer lugar da sentença.

Exemplos:

(411) ***José***, vá ao mercado.

(412) Prestem atenção, ***crianças***.

(413) Dê atenção, ***professor***, a todos os alunos do colégio.

(414) ***Caros amigos***, é necessário que sejamos solidários ao sofrimento alheio.

8.4.2. Denotativos

Retomando o que já se expôs neste trabalho, os vocábulos ou locuções denotativos não se podem associar indubitavelmente a uma das classes gramaticais. Trata-se de componentes entendidos na literatura linguística atual como **anguladores da linguagem** ou mesmo **advérbios e locuções adverbiais**.

Apesar desse entendimento, considerada a oração '*Infelizmente, o time não ganhou a partida*', não seria possível dizer que o vocábulo *infelizmente* é um advérbio, pois não se trata de um circunstancializador do verbo, modificador do adjetivo ou de outro advérbio (delimitação tradicional de advérbios). Trata-se, na verdade, de um vocábulo que exprime a perspectiva com que o locutor exprime o enunciado inteiro. Daí alguns estudiosos chamarem esse tipo de vocábulo de **denotativo**, uma vez que **denota** algum aspecto da perspectiva discursiva do locutor sem se enquadrar numa dada classe gramatical. Vejam-se mais exemplos.

(415) O João ***é que*** é professor!

(416) A mim ***me*** parecem idênticas as frases.

(417) Ela não chegou ***não***.

Note-se que os denotativos se inserem nas sentenças fora do âmbito sintático estrito, com propósitos semânticos diversos, de modo que sua exclusão não implica qualquer agramaticalidade. Confiram-se abaixo os exemplos sem os elementos denotativos[58]:

(418) O João é professor!

(419) A mim parecem idênticas as frases.

(420) Ela não chegou.

9. SINTAXE DO PERÍODO COMPOSTO

Como já colocado, *período composto* é aquele que possui duas ou mais orações. Tradicionalmente, afirma-se que esse tipo de período pode organizar-se por coordenação ou por subordinação. Apesar disso, existem períodos que se estruturam de maneira mista, ou seja, que mesclam características sintáticas da coordenação e da subordinação, além de haver orações consideradas correlatas ou correlativas, representando, na perspectiva de alguns autores, um terceiro processo de conexão entre sintagmas e orações.

9.1. Coordenação e subordinação

Na **coordenação**, as orações se organizam mantendo apenas o vínculo semântico, ou seja, uma oração está associada à outra apenas pelo sentido geral do período, mas uma não é termo sintático da outra. Na **subordinação**, além de manterem o natural vínculo semântico, as orações aparecem enlaçadas sintaticamente, visto que uma oração exerce função sintática em relação a um componente da outra. Já no caso do **período misto**, as orações se organizam de modo coordenado e subordinado, isto é, num

58 Chamados tradicionalmente de *palavras e locuções denotativas de realce.*

só período, algumas orações, ainda que coordenadas entre si, exercem função sintática em relação a um elemento de outra oração. Confiram-se os exemplos.

(421) Maria se arrumou com capricho / e foi ao baile.

(422) José afirma / que respeita as pessoas.

(423) José afirma / que ama / e respeita as pessoas.

Em (421), as orações mantêm compromisso semântico, mas não há vinculação sintática entre elas. É esse compromisso semântico, aliás, que permite estar o sujeito da segunda oração em elipse, pressuposto no sujeito da primeira. Trata-se de um *período composto por coordenação*. No exemplo (422), a segunda oração (*que respeita as pessoas*) aparece complementando a transitividade do verbo da primeira (*afirma*). Trata-se, portanto, de um *período composto por subordinação*: as orações estão amarradas semântica e sintaticamente. No exemplo (423), há três orações: a primeira é regente das duas últimas, o que caracteriza a subordinação. No entanto, a duas orações finais se coordenam entre si, estabelecendo um vínculo apenas semântico, característica da coordenação. Trata-se, então, de um *período misto*, com características de subordinação e coordenação.

Alguns autores, entre eles M. Perini e J. C. Azeredo, têm questionado o estatuto de *oração* para estruturas introduzidas por conjunção integrante e pronome relativo. Considerem-se estes exemplos:

(424) José reconhece ***que errou***.

(425) José reconhece ***o erro***.

(426) José respeita a pessoa ***que se esforça***.

(427) José respeita a pessoa ***esforçada***.

Em (424), o fato de a oração ***que errou*** funcionar como objeto direto do verbo *reconhece* faz com se enxergue essa estrutura não como uma oração de fato, mas apenas uma função complementar (termo integrante) desenvolvida com a presença de um verbo, o que ocorre de modo não oracional em (425).

Em (426), a oração ***que se esforça*** é um equivalente sintático-semântico do adjetivo *esforçada*, em (427), motivo por que essa oração funciona como adjunto nominal. Trata-se de uma realidade linguística que leva alguns autores a pleitear a exclusão desse tipo de construção sintática da categoria gramatical das *orações*.

Haveria, assim, não dois tipos de período (um simples e outro composto), mas dois tipos de predicado – um simples, com apenas uma forma verbal ([425] e [427]), e outro "complexo", com certas construções verbais funcionando como "termo" de um componente oracional ([424] e [426]).[59]

Esquematicamente, tem-se os quadros abaixo:

SUJEITO	**PREDICADO**		
José	reconhece	o erro.	**predicado simples**
José	reconhece	que errou.	**predicado complexo**

SUJEITO	**PREDICADO**		
José	respeita	a pessoa esforçada.	**predicado simples**
José	respeita	a pessoa que se esforça.	**predicado complexo**

Pesam contra a perspectiva acima dois fatores sintáticos:

a) o fato de ser o verbo a base caracterizadora de uma oração;

b) o princípio que subjaz ao conceito de subordinação: a hipotaxe, que leva uma construção ou sintagma a ser termo sintático de outro elemento.

Considerando a tríade normativa ainda em voga no Brasil (Bechara, Celso Cunha e Rocha Lima), nenhum dos três autores

59 Vejam-se, a propósito, Kury (1997), Perini (1998), Azeredo (2008). A designação *oração complexa* não é uma inovação de autores mais recentes. Ali (1969), por exemplo, fala em *oração simples* (período simples) e *oração composta* (período composto), o que sugere a perspectiva de enxergar num período composto uma só oração.

desconhece o fato de as orações subordinadas serem termos sintáticos de verbos ou nomes; é essa característica de "termo" ou "função" que leva à taxonomia **subordinada**.

Além do mais, na medida em que há nas orações subordinadas o elemento gramatical caracterizador da oração (o verbo), parece mais lógico preservar-lhes o estatuto oracional. Enxergar dois verbos distintos no mesmo predicado e considerá-los membros de uma única oração seria desprezar o próprio conceito de oração: "*unidade gramatical construída em torno do verbo*" (Azeredo, 2000: 150).

Por fim, cumpre dizer que os vínculos semântico e sintático existem tanto na subordinação quanto na coordenação. Ainda que não se possa afirmar que uma oração exerça função sintática em relação à outra no período cujas orações se coordenam entre si, também não se pode falar em "independência" oracional, sequer no plano da sintaxe. Observem-se os exemplos abaixo.

(428) O ministro afirma que há problemas na economia.

(429) Teresa é bonita, mas continua solitária.

Sobre os períodos acima, há certas asserções que valem para todos os analistas:

a) em (428) há duas formas verbais distintas (*afirma*, *há*);

b) em (428), há estreita relação sintática entre o verbo '*afirma*' e a estrutura complementar posposta (chamemos ou não essa estrutura de "oração");

c) em (429) há duas formas verbais distintas (é, *continua*);

d) em (429), há duas orações que se coordenam entre si, formando período composto;

e) nos dois períodos exemplificados, não existe independência semântica entre as orações, visto que, nos dois casos, as segundas orações são completamente dependentes das primeiras, não podendo aparecer isoladas.[60]

Por ora, parecem válidas as observações e a elas se podem acrescentar os argumentos abaixo.

Dado o plano sintático estrito, poder-se-ia até afirmar que a oração coordenada sindética em (429), dita "independente" e à qual todo analista confere estatuto oracional, mostra-se mais amarrada à oração anterior do que a subordinada objetiva direta em (428), à qual se tenta negar estatuto oracional. Tanto é verdade que a anteposição, mesmo incomum, seria possível na subordinação, mas não o seria na coordenação:

(430) Que há problemas na economia, o ministro reconhece.

(431) *Mas continua solitária, ela é bonita.

Se à sintaxe cabe o exame do processo organizacional dos períodos, convém sublinhar as relações sintático-semânticas que existem nos dois casos: na coordenação e na subordinação. Quando se fala em *perda do vínculo sintático na coordenação*, alude-se ao fato de uma oração não exercer função sintática em relação à outra (ou a um componente da outra), o que não representa independência oracional. Quando se fala em *subordinação sintática de uma oração à outra*, mantém-se a perspectiva de **oração** como **realidade sintática, metalinguística, que se estrutura com um verbo**, sem que se considere a semântica dessa oração isoladamente falando.

9.2. Transposição

O questionamento sobre o estatuto oracional de orações subordinadas parece originar-se da passagem de uma realidade gramatical a outra, o que representa o processo de *transposição*. Dito de outro modo, uma oração subordinada objetiva direta,

60 Incluem-se na estrutura das segundas orações a conjunção subordinativa integrante em (428) e a conjunção coordenativa adversativa em (429), ou seja, essas conjunções são componentes de suas respectivas orações.

por exemplo, "perde" sua característica de oração plena, *transpondo-se* à condição de termo sintático de um verbo.

Nas palavras de Azeredo (1997), a transposição é "um processo sintagmático de formação de sintagmas ou constituintes de distribuição distinta das entidades a partir das quais se formam" (p. 44). Ainda segundo o autor, consideram-se *elementos transpositores*, ou seja, itens linguístico-gramaticais que possibilitam a transposição,

> os subordinantes (preposições, conjunções e nominalizadores), os pronomes relativos, os advérbios e pronomes indefinidos interrogativos que introduzem SNs constituídos de oração, o verbo SER introdutor de predicado, o verbo *ter/haver* seguindo de particípio, os afixos *-ndo* (gerúndio), *-do* (particípio) e *-r* (infinitivo) e certos determinantes que servem para substantivar expressões não nominais.

Dessas colocações, infere-se facilmente que a transposição não é fenômeno sintático restrito ao período composto, ocorrendo também no período simples.

Exemplos:

(432) O filho ***de valor*** respeita os pais.

(433) Pedro agiu ***com sabedoria***.

(434) Maria ***é professora de Espanhol***.

(435) ***Viver é lutar***.

(436) Maria ***tem orientado*** vários estudantes.

(437) Maria exigiu ***que João se retirasse da sala***.

(438) O fato é ***que João ficou triste com a notícia***.

(439) O aluno ***que estuda*** cresce intelectualmente.

(440) João não foi à escola ***porque estava adoentado***.

(441) Quero saber ***quem entrou na sala***.

Em (432) e (433), os nomes designadores *valor* e *sabedoria* ordinariamente exerceriam função sintática nuclear no interior de SNs. Por intermédio das preposições *de* (432) e *com* (433), esses nomes se *transpuseram* às funções adjuntas nominal e verbal. Dito de outro modo, a transposição promovida pelas preposições faz como que a locução *de valor* funcione sintaticamente como adjunto nominal em (432) e *com sabedoria* exerça função sintática de *adjunto verbal de modo* em (433).

Em (434), o predicado é, todo ele, um *processo de transposição*, dada a propriedade do verbo transpositor "ceder" a função nuclear ao nome predicativo; ou seja, a transposição no predicado nominal ocorre porque a função nuclear ordinária do verbo é transposta para o predicativo do sujeito (*professora de Espanhol*). Esse sintagma predicativo, aliás, promove a transposição em seu interior, na medida em que o nome *Espanhol*, passa, com o auxílio da preposição *de*, à condição de adjunto nominal do núcleo *professora*.

A sentença (435) representa, a frase inteira, um *exemplo de transposição*. Os verbos nominalizados em forma infinitiva (*viver* e *lutar*) perdem completamente sua característica processual de verbo, passando a vicários dos nomes *vida* e *luta* (*a vida é a luta*). A *transposição*, desse modo, ocorre pelo fato de o verbo "abrir mão de ser verbo" para desempenhar função sintática nominal. Pode-se afirmar, com certa tranquilidade, que a sentença *'Viver é lutar'* é um período simples, sendo *viver* sujeito simples explícito, *é lutar* predicado nominal e *lutar* predicativo do sujeito. Mais uma vez, o verbo *ser* (único verbo autêntico da sentença) promove a transposição, cedendo a função nuclear ao predicativo do sujeito.

O exemplo (436), por seu turno, parece representar uma espécie de *transposição parcial*: o verbo auxiliar (também considerado por Azeredo um *transpositor*) perde a prerrogativa de regência, abrindo mão de ser elemento subordinante. Essa regência está contida no verbo principal da perífrase; no caso, *tem orientado* possui a mesma predicação de *orientar* – verbo que implica objeto direto (*vários estudantes*). O verbo auxiliar, assim como acontece com o verbo de ligação, *transporta* a função de núcleo para o particípio, que é chamado por isso de *verbo principal*.

O processo de transposição nos exemplos (437) a (441) é o que dá origem ao questionamento sobre o estatuto oracional de orações subordinadas, já que as orações, pelo processo hipotático, são *transportadas* a funções sintáticas comumente exercidas por sintagmas. Assim, as orações subordinadas em (437) e (441) passam à condição de SNs com função sintática de objeto direto; em (438), a hipotaxe transporta a oração subordinada à função de predicativo do sujeito (*o fato*); em (439), por meio do pronome relativo (elemento coesivo referencial por excelência), a oração subordinada é transposta à função adjuntiva nominal; em (440), finalmente, por meio da conjunção subordinativa causal, também elemento transpositor, a oração subordinada é transportada à função adjuntiva, não mais nominal, e sim *verbal*.

Dadas as considerações acima, são justas as designações *objeto direto oracional* em (437) e (441); *predicativo do sujeito oracional* em (438); *adjunto nominal oracional* em (439); *adjunto verbal oracional* em (440).

9.3. Taxonomia de orações coordenadas

9.3.1. Orações coordenadas assindéticas

Trata-se de orações que não apresentam um conector responsável por ligá-las a outra oração (do grego, *asyndetos*: sem conector).

Exemplos:

(442) "*O pai baixou a cabeça, / chamou o garçom, / pediu.*" [Carlos Drummond de Andrade]

(três orações coordenadas assindéticas)[61]

(443) "*O calor afugentava as pulgas, / a terra se amaciava.*" [Graciliano Ramos]

(duas orações coordenadas assindéticas)

61 Com propósito meramente didático, procede-se aqui à tradição de separar as orações do período composto por barras oblíquas.

9.3.2. Orações coordenadas sindéticas

São aquelas que apresentam em sua estrutura um conector responsável por ligá-las a outra oração (do grego, *syndetos*: conector).

As orações coordenadas sindéticas se distribuem tradicionalmente em cinco subcategorias: *aditivas*, *adversativas*, *explicativas*, *conclusivas* e *alternativas*. Essa última subcategoria, no entanto, só será considerada aqui no sentido disjuntivo, pois a noção semântica de alternância se estrutura ordinariamente num outro processo sintático: a correlação.

9.3.2.1. Aditivas

Expressam noção de adição, soma de argumentos ou informações. As principais conjunções coordenativas aditivas são ***e*** e ***nem***.

Exemplos:

(444) "A tremura subia, / deixava a barriga / ***e chegava ao peito de Baleia***." [Graciliano Ramos]

O período acima é a realização linguística da metalinguagem sintática 'OCA + OCA + OCS aditiva'.[62]

(445) "Não virou galo, / ***nem caiu na panela***." [Carlos Drummond de Andrade] (OCA + OCS aditiva)

9.3.2.2. Adversativas

Exprimem noção de contraponto[63], introduzindo um argumento que relativiza, minimiza ou cancela o anterior. Arrolam-se tradicionalmente como conjunções coordenativas adversativas os conectores ***mas***, ***porém***, ***contudo***, ***todavia***, ***entretanto*** e

62 oração coordenada assindética + oração coordenada assindética + oração coordenada sindética aditiva

63 Seriam, por isso, melhor chamadas *contrapontísticas*.

no entanto. Em certos casos, a conjunção ***e*** também tem valor contrapontístico[64].

Exemplos:

(446) O menino foi à padaria / ***mas não achou fermento***. (OCA + OCS adversativa)

(447) As pessoas se acostumaram à parcialidade de certos jornais; / ***há, entretanto, urgência de mudança***. (OCA + OCS adversativa)

(448) Deus cura / ***e o médico manda a conta***. (OCA + OCS adversativa)

Na 37ª. edição da sua *Moderna Gramática Portuguesa*, Evanildo Bechara afirma que "as adversativas por excelência são *mas*, *porém* e *senão*" (p. 321). Para o autor, conjunções como *todavia*, *contudo* e *entretanto* são, na verdade, unidades adverbiais[65]. Azeredo (2000: 250-1) parece ter interpretação semelhante. No entanto, a equivalência sintático-semântica entre conjunções como *entretanto*, *todavia* e *mas* (por exemplo, em '*João foi à festa*, ***mas*** [*entretanto, todavia, no entanto, contudo*] não dançou') parece clara, tornando fáceis as reescrituras.

Além disso, na linguagem mais recente de escritores brasileiros, há uma forte tendência para o uso dos conectores adversativos na coesão interfrástica. Em muitos casos, inclusive, o *mas* aparece iniciando um novo parágrafo. Vejam-se os exemplos:

(449) "Dizem que, eventualmente, um computador bem programado poderá escrever teses e romances. ***Mas*** duvido que algum computador, algum dia, possa fazer uma anedota." [Luis Fernando Verissimo]

(450) "A descrição dos ditongos portugueses é uma parte da descrição dos tipos de sílaba em português, aos quais será dedicado um capítulo próprio neste livro.

64 Para informações mais aprofundadas no âmbito semântico-discursivo sobre orações coordenadas sindéticas adversativas e subordinadas adverbiais concessivas, cf. Peixoto Filho (2020).

65 Cf. Bechara, 2009: 322-3.

Desde já, ***entretanto***, cabe apresentar duas questões preliminares referentes às vogais assilábicas." [Joaquim Mattoso Camara Jr.]

(451) "Na adaptação dos antropônimos gregos pelo Poeta, forma e pronúncia estão mesmo a pedir uma monografia especial, à semelhança da que fez Carlos Eugênio Correia da Silva sobre os latinismos, tais as dificuldades que apresentam.

Mas não quero transferir para o generoso auditório os meus problemas." [Celso Cunha]

9.3.2.3. Explicativas

Introduzidas principalmente pelas conjunções ***pois*** (anteposta ao verbo), ***porque*** e ***que***, as *orações coordenadas explicativas* expressam explicação para uma inferência, pedido ou ordem inseridos na oração anterior.

Exemplos:

(452) Fique em silêncio, / ***que estou estudando***. (OCA + OCS explicativa)

(453) Acho / que choveu durante a madrugada, / ***porque o chão estava molhado pela manhã***. (OP + OSSOD + OCS explicativa)[66]

9.3.2.4. Conclusivas

São orações que exprimem ideia de conclusão, finalização de discurso, inferência. As principais conjunções conclusivas são ***portanto***, ***então***, ***logo*** e ***pois*** (posposta ao verbo).

(454) São crianças; / ***merecem, pois, toda a nossa paciência***. (OCA + OCS conclusiva)

---

66 *Oração principal* mais *oração subordinada substantiva objetiva direta* mais *oração coordenada sindética explicativa*. Trata-se de um exemplo clássico de *período misto*: a terceira oração (*porque o chão estava molhado pela manhã*) funciona como explicação às orações anteriores (*acho* e *que choveu durante a madrugada*).

(455) "Penso, / ***logo existo***." [René Descartes] (OCA + OCS conclusiva)[67]

9.3.2.5. Disjuntivas

São orações que exprimem disjunção, opção. A conjunção disjuntiva canônica é ***ou***.[68]

Exemplo:

(456) Estude / ***ou você não terá grandes chances na vida***. (OCA + OCS disjuntiva)

9.4. Taxonomia de orações subordinadas

9.4.1. Oração principal

"Principal" é a adjetivação comum atribuída à oração que apresenta um elemento subordinante ao qual uma ou mais orações se subordinam no exercício de uma função sintática. Confiram-se os exemplos:

(457) "**Ela me disse** / que trabalha no correio (...)." [Renato Russo] (OP + OSSOD)[69]

(458) "Quem canta / **seus males espanta**." [dito popular] (OSSS + OP)[70]

67 O famoso postulado cartesiano traduz a existência como resultado do ato de pensar entendido como capacidade de abstração.

68 Elementos como *quer* e *seja*, quando aparecem repetidos em estruturas simétricas, são classificados por alguns gramáticos como conjunções alternativas (cf. Cunha, 1994: 534). No entanto, analisando um período do tipo '*Quer ele venha, quer não, nós realizaremos o passeio*', o valor concessivo das duas primeiras orações parece claro. Teríamos, por esta ótica, duas orações subordinadas adverbiais concessivas (quer ele venha: *ainda que ele venha*; quer não: *ainda que ele não venha*) e uma principal (*nós realizaremos o passeio*).

69 Oração principal mais oração subordinada substantiva objetiva direta.

70 Oração subordinada substantiva subjetiva mais oração principal.

Em (457), a oração '*que trabalha no correio*' se subordina ao verbo *disse*, o qual faz parte da oração principal '*ela me disse*'; o exemplo (458) contém a oração '*quem canta*' funcionando sintaticamente como *sujeito simples explícito* do verbo *espanta*, que faz parte da oração principal '*seus males espanta*'. A função subjetiva fica mais clara colocando-se o objeto direto de (458) na ordem direta: '*Quem canta espanta seus males*'.

9.4.2. Orações subordinadas substantivas

São orações que exercem em relação à oração principal ou subordinante (ou a um componente dessa oração) funções sintáticas substantivas, a saber, *sujeito*, *objeto direto*, *objeto indireto*, *complemento nominal*, *aposto*, *predicativo do sujeito* e *agente da passiva* (esta última não registrada pela NGB[71]). Aliás, a classificação das orações subordinadas substantivas é feita de acordo com essas funções sintáticas. Confiram-se as taxonomias.

9.4.2.1. Subjetivas

São orações que funcionam sintaticamente como sujeito do verbo da oração principal:

> (459) É necessário / ***que não haja obstáculos excessivos***. (OP + OSSS)
>
> (460) Seria conveniente / ***que houvesse respeito entre os poderes da República***. (OP + OSSS)

Nos dois exemplos acima, as orações subordinadas '*que não haja obstáculos excessivos*' e '*que houvesse respeito entre os poderes da República*' funcionam, respectivamente, como sujeito dos verbos ***é*** em (459) e ***seria*** em (460).

---

71 Cf. Henriques (2009).

9.4.2.2. Objetivas diretas

São orações que funcionam sintaticamente como objeto direto do verbo da oração principal:

(461) "Quis o destino / ***que os filhos de dona Morgadinha puxassem pelo pai no relaxamento e na irreverência***." [Luis Fernando Verissimo] (OP + OSSOD)

(462) "Não nego (...) ***que o sermão não haja de ter variedade de discursos*** (...)." [Antônio Vieira] (OP + OSSOD)

As orações '*que os filhos de dona Morgadinha puxassem pelo pai no relaxamento e na irreverência*' e '*que o sermão não haja de ter variedade de discursos*' funcionam, respectivamente, como objeto direto dos verbos ***quis*** em (461) e ***nego*** em (462).

9.4.2.3. Objetivas indiretas

São orações que funcionam sintaticamente como objeto indireto do verbo da oração principal:

(463) Não acredito / ***que haja mudanças substanciais no mundo até a minha velhice***. (OP + OSSOI)

(464) Preciso / ***que me faça um favor***. (OP + OSSOI)

Note-se que os verbos '*acreditar*' e '*precisar*', nos dois exemplos acima, são transitivos indiretos, já que a predicação indica preposição em seus complementos (acreditar ***em*** *algo, alguém, alguma coisa*; precisar ***de*** *algo, alguém, alguma coisa*). Como se vê, no período composto as preposições costumam omitir-se, o que representa um mecanismo de elipse. Mesmo assim, aconselha-se classificar as orações de acordo com a predicação dos verbos regentes.

Reitera-se aqui: para autores como Rocha Lima (1994) e Azeredo (2008), verbos como *acreditar* e *precisar* não são transitivos indiretos, e sim transitivos relativos. O eventual SPrep. que lhes complementa o sentido, consequentemente, não seria objeto indireto, e sim complemento relativo (CR). Essa descrição, evidentemente, obriga a classificar os complementos oracionais desses verbos não como *oração subordinada substantiva objetiva indireta*, e sim como *oração subordinada substantiva completiva relativa*. Na perspectiva dos autores, o objeto indireto não apareceria no período sob forma oracional (cf. Rocha Lima, 1994: 263).

9.4.2.4. Completivas nominais

São orações que exercem função sintática de complemento de um nome presente na oração principal:

> (465) "Eu tenho medo / ***de que chegue a hora*** / em que eu precise entrar no avião." [Belchior] (OP + OSSCN / OP + OS ADJ restritiva)
>
> (466) "Tenho a horrível sensação / ***de que me furam os tímpanos com pontas de ferro***." [Graciliano Ramos] (OP + OSSCN)

Em (465), a oração *'de que chegue a hora'* funciona sintaticamente como complemento nominal (CN) do substantivo transitivo *medo*. Essa oração, a propósito, exerce dupla função sintática, sendo também OP da oração posterior, o adjunto nominal oracional *'em que eu precise entrar no avião'*. Em (466), a oração *'de que me furam os tímpanos com pontas de ferro'* exerce função sintática de complemento nominal (CN) do SN *a horrível sensação*. O elemento regente ou subordinante, no caso, é o substantivo transitivo *sensação*.

9.4.2.5. Apositivas

São orações que funcionam sintaticamente como aposto em relação a um termo presente na oração principal. Nos exemplos normalmente arrolados pela tradição gramatical, as orações apositivas aparecem quase sempre após dois pontos ou locuções denotativas explicativas.

Exemplos:

(467) Ele só temia uma coisa: / ***que ela fosse embora***. (OP + OSSA)

(468) Os sindicalistas têm repetido uma verdade categórica, a saber, / ***que não há interesse na liberação do dinheiro***. (OP + OSSA)

O exemplo (467) expõe a oração '*que ela fosse embora*' na função sintática de aposto do SN *uma coisa*; em (468), a oração '*que não há interesses na liberação do dinheiro*' funciona sintaticamente como aposto em relação ao SN *uma verdade categórica* presente na OP.

9.4.2.6. Predicativas

São orações que funcionam sintaticamente como predicativo do sujeito da oração principal:

(469) "O maior risco é / ***que a emenda seja mantida no Senado***." [Sérgio Abranches] (OP + OSSP)

(470) "(...) O certo é / ***que a vós vos conheceis***." [Antônio Vieira] (OP + OSSP)

Note-se que em (469) a oração '*que a emenda seja mantida no Senado*' é predicativo do sujeito *o maior risco*, presente na OP; em (470), a oração '*que a vós vos conheceis*' é também predicativo do sujeito *o certo* (em que o adjetivo é substantivado pelo determinante) constante da OP. Nos dois exemplos, tem-se a sintaxe canônica do predicado nominal: VL + PdoS, sendo esse predicativo oracional.

9.4.2.7. Agentivas

São orações que funcionam sintaticamente como agente da passiva. Evidentemente, a oração principal precisa apresentar-se na estrutura típica da voz passiva analítica:

(471) O serviço foi realizado / ***por quem não tem competência para isso***. (OP + OSSAG)

(472) As crianças eram maltratadas / ***por quem deveria zelar por elas***. (OP + OSSAG)

Apesar da estrutura verbal introdutória de um agente da passiva, é comum a classificação da oração subordinada como *adjetiva restritiva* por conta da interpretação de *quem* como pronome relativo, havendo possibilidade do desdobramento abaixo:

(473) O leão foi morto / ***por quem cuidava dele***.

(474) O leão foi morto por aquele / ***que cuidava dele***.

Semanticamente, há de fato sinonímia entre (473) e (474). Ainda assim, parece incoerente considerar a oração destacada em (473) como *adjetiva*, pois ela complementa a predicação de uma estrutura verbal que, no período simples, precede o *agente da passiva*. Dito de outro modo, não se pode negar a equivalência sintática entre '*O leão foi morto pelo cuidador*' e '*O leão foi morto por quem cuidava dele*', podendo-se defender mais facilmente a função sintática de *agente da passiva*, o que implica a existência de oração subordinada com essa função. O exemplo (474), por seu turno, tem interpretação sintática inquestionável: OP (o leão foi morto por aquele) + OS ADJ restritiva (que cuidava dele).

A pequena dissertação acima explicita uma realidade que se tem defendido aqui: equivalência semântica não implica necessariamente equivalência sintática, sendo o contrário também verdadeiro.

9.4.3. Orações subordinadas adjetivas

Introduzidas por pronomes relativos, as orações subordinadas adjetivas (também chamadas *orações relativas*) exercem funções sintáticas variadas. Há duas subcategorias.

9.4.3.1. Restritivas

Como diz a nomenclatura, são orações que *restringem*, *particularizam* o valor de um SN presente oração principal:

(475) "O tipo de sociedade do conhecimento e da comunicação / ***que temos desenvolvido nas últimas décadas*** / ameaça a essência humana." [Leonardo Boff] (OP + OS ADJ restritiva interposta)

(476) Esta é uma batalha / ***cujo fim todos conhecemos***. (OP + OS ADJ restritiva posposta)

(477) As teorias / ***em que se baseiam tuas ideias*** / parecem superficiais. (OP + OS ADJ restritiva interposta)

No exemplo (475), a OP é '*O tipo de sociedade do conhecimento e da comunicação ameaça a essência humana*'. O sintagma sujeito dessa oração é caracterizado, delimitado pela oração relativa interposta '*que temos desenvolvido nas últimas décadas*'. Trata-se, portanto, de um adjunto nominal oracional.

A estrutura sintática do exemplo (476) é SSE + PN (VL + PdoS). Esse predicativo (*uma batalha*) ganha um adjunto nominal oracional: '*cujo fim todos conhecemos*'. Na perspectiva analítica do período composto, tem-se a OP *Esta é uma batalha*, sendo o SN *uma batalha* caracterizado pela oração subordinada '*cujo fim todos conhecemos*'.

A oração subordinada (*em que se baseiam tuas ideias*) também aparece interposta no exemplo (477), em que a OP é '*As teorias parecem superficiais*'. Mais uma vez, a oração relativa exerce função sintática de adjunto nominal do núcleo *teorias*.

9.4.3.2. Explicativas

São orações que inserem uma informação de acréscimo a um nome da oração principal. Observe-se que as explicativas clássicas vêm isoladas por vírgula ou travessão, podendo até mesmo aparecer entre parênteses, dada a sua feição semântica.

Exemplos:

(478) "A Constituição de 45, / ***que deu origem à república populista***, / elevou o eleitorado dos 5% da população na República Velha para entre 16% e 20% da população entre 1945 e 1960." [Sérgio Abranches] (OP + OS ADJ explicativa interposta)

(479) A família real portuguesa trouxe consigo cerca de 20 mil europeus, / ***que aqui chegaram sedentos de poder e dinheiro***. (OP + OS ADJ explicativa posposta)

(480) Clarice Lispector, / ***que representou um dos pontos altos do Pós-Modernismo***, / escreveu principalmente romances e contos. (OP + OS ADJ explicativa interposta)

No exemplo (478), pode-se interpretar a oração subordinada interposta como aposto explicativo ou adjunto nominal. Aposto: '*A Constituição de 45, origem da república populista*'; adjunto: '*A Constituição de 45 originária da república populista*'. A distinção, desse modo, aponta mais para o ambiente epistêmico, semântico, do que para a esfera sintática.

Em (479), por seu turno, a interpretação da oração subordinada posposta '*que aqui chegaram sedentos de poder e dinheiro*' como apositiva fica mais difícil em virtude da delimitação, ainda que em caráter de acréscimo informativo, do SN '*cerca de 20 mil europeus*'. Essa interpretação apositiva fica evidente no exemplo (480), já que o antropônimo alusivo a entidade da memória popular não viabiliza adjetivação adjunta. Acrescenta-se, no caso, um aposto explicativo em relação a esse nome: Clarice Lispector, *um dos pontos altos do Pós-Modernismo.*

Trata-se de considerações que sinalizam o seguinte: a distinção entre as orações subordinadas restritivas e explicativas talvez estejam mais no terreno da episteme do que na estrutura sintática. Além disso, a dicotomia *tema / rema* também parece importante para o estabelecimento dessas distinções:

> A questão (...) não seria de "valor discursivo": não há nenhum fundamento em afirmar que restritivas valem mais para o discurso do que explicativas. O que há são papéis diferentes dentro do plano textual a serviço do todo discursivo. É esse "todo" que determinará se o que se diz é velho, novo, inferível, não inferível. Nasce daí a articulação tema/rema, que será fundamental para distinguir restritivas de explicativas. Recorramos aos exemplos mais uma vez:
>
> (a) Romário, que joga no Flamengo, está fora de forma.
>
> (b) O artilheiro (,) que joga no Flamengo (,) está fora de forma.

Em (a), o termo antecedente ao relativo representa um referente velho-disponível. Isso faz com que o pronome-sujeito do verbo da oração subordinada também represente esse referente. A oração inteira, destarte, veiculará uma informação temática (tema), caracterizando a explicação.

Em (b) temos claramente a dependência do todo discursivo--pragmático, visto que a frase isolada não se mostra competente no sentido de informar se o referente contido na palavra 'artilheiro' é novo ou velho. Se a primeira opção prevalecer, teremos um rema, e o processo de anáfora estruturará uma restrição. Por outro lado, se os participantes da comunicação souberem de quem se trata, de que artilheiro se fala, teremos uma informação temática, portanto uma explicação. (Peixoto Filho, 1999)

APÊNDICE: ALGUMAS FUNÇÕES SINTÁTICAS EXERCIDAS POR PRONOMES RELATIVOS

a) **sujeito**

(481) Aquela é a professora / ***que*** passou no concurso público.

(482) O escritor / ***que*** inaugurou o Realismo no Brasil / não era branco.

Em (481), tem-se a seguinte equivalência: *'Aquela é a professora. A professora passou no concurso público'*. Na passagem ao período composto, o relativo *que* retoma anaforicamente o SN *a professora*, exercendo o mesmo valor sintático. Já no exemplo (482), é esta a equivalência: *'O escritor não era branco. O escritor inaugurou o Realismo no Brasil'*. Transformando os períodos simples num período composto, o relativo *que* retoma anaforicamente o SN *o escritor*, possuindo o mesmo valor sintático.

b) **objeto direto**

(483) "No meu coração secaram
As lágrimas / ***que*** sofri." [Fernando Pessoa]

(484) O livro / ***que*** comprei / é excelente.

Fazendo os desdobramentos em períodos simples, tem-se em (483) *'No meu coração secaram as lágrimas. Sofri as lágrimas'*; em (484): *'O livro é excelente. Comprei o livro.'* Dados os períodos compostos nos exemplos, vê-se que o relativo *que* em (483) é objeto direto do verbo *sofrer*[72]; em (484), o mesmo pronome é objeto direto do verbo *comprar*.

c) **objeto indireto**

(485) "– O remédio / ***de que*** eu preciso / é o da religião." [José de Alencar]

(486) Não merecem muito crédito as teorias / ***em que*** você acredita.

Desdobrados em períodos simples, os exemplos se redigem desta forma: *'O remédio é o da religião. Eu preciso do remédio'* (485); *'Não merecem muito crédito as teorias. Você acredita nas teorias'* (486). Retomando-se os períodos compostos (os exemplos propriamente ditos), tem-se os pronomes relativos, acompanhados dos seus respectivos conectores, funcionando sintaticamente como objeto indireto dos verbos *preciso* em (485) e *acredita* em (486).

d) **predicativo do sujeito**

(487) Todos têm saudade do líder / ***que*** ele foi quando ainda vivia.

(488) "Reduze-me ao pó / ***que*** fui!" [Cecília Meireles]

Considerando períodos simples equivalentes, tem-se o seguinte: (487) *'Todos têm saudade do líder. Ele foi o líder quando ainda vivia'*; (488) *'Reduze-me ao pó. Fui o pó.'* Nos períodos compostos, o pronome relativo *que* funciona como predicativo do sujeito *ele* em (487) e do sujeito simples implícito *eu* em (488).

---

72 O verbo *'sofrer'*, intransitivo canônico, é usado no exemplo como transitivo direto cujo complemento pertence necessariamente ao mesmo campo semântico, o que é regular em certa medida (chorar *lágrimas de sangue*; viver *uma vida tranquila* etc.).

e) adjunto nominal

(489) Eu conheço o menino ***cujos*** irmãos jogam futebol.

A coesão de cunho genitivo estabelecida pelo relativo *cuj(o, a, os, as)*, no exemplo acima, é bastante interessante. Transformando o período composto em dois períodos simples, tem-se: '*Eu conheço o menino. Os irmãos do menino jogam futebol.*' Essa equivalência permite concluir que a forma *cujos*, no período composto, conjuga dois adjuntos nominais: o determinante *os* e a locução genitiva *do menino*, ambos exercendo a mesma função sintática.

f) complemento nominal

(490) Estes são os livros / ***dos quais*** tenho mais necessidade.

(491) "Lembrava-me / de que deixara toda a minha vida ao acaso / e que a não pusera ao estudo e ao trabalho com a força / ***de que*** era capaz." [Lima Barreto]

O exemplo (490), desdobrado em períodos simples, redige-se: '*Estes são os livros. Tenho mais necessidade dos livros*'. De volta ao período composto, nota-se facilmente a função sintática de complemento do nome *necessidade*, exercida pela locução relativa *dos quais* na oração subordinada adjetiva restritiva.

O exemplo (491), um período misto de autoria do eterno Lima Barreto, apresenta 4 (quatro) orações, devidamente separadas por barras oblíquas, apenas a última delas estabelecendo coesão por meio do pronome relativo. No caso, tem-se o seguinte: oração 1: *lembrava-me*; oração 2: *de que deixara toda a minha vida ao acaso*; oração 3: *e* (de) *que a não pusera ao estudo e ao trabalho com a força*; oração 4 (desdobrada): (eu) *era capaz da força*. Sintaticamente, as orações 2 e 3, coordenadas entre si, são objetos indiretos do verbo *lembrava-me*, que representa a oração principal. A oração 4, toda ela um adjunto do nome *força* presente na oração 3, contém a locução *de que* com valor sintático de complemento do adjetivo transitivo *capaz* (complemento nominal, portanto).

g) **adjunto verbal**

(492) O escritório / ***no qual*** ela trabalha / é muito confortável.

(493) "Só eu sei as esquinas / ***por que*** passei." [Djavan]

Transformados os períodos compostos em simples, tem-se: (492) '*O escritório é muito confortável. Ela trabalha no escritório*'; (493) '*Só eu sei as esquinas. Passei pelas esquinas*'. Esses desdobramentos mostram os adjuntos verbais de lugar *no escritório* em (492) e *pelas esquinas* em (493). Trata-se da mesma função sintática exercida pelas locuções relativas anafóricas nos exemplos originais: *no qual* em (492) e *por que* em (493).

h) **agente da passiva**

(494) Desconfia das pessoas / ***por quem*** sempre és endeusada.

Períodos simples equivalentes: '*Desconfia das pessoas. Sempre és endeusada pelas pessoas*'. Voltando ao período composto, não é difícil perceber a função sintática de *agente da passiva* exercida pela locução relativa *por quem.*[73]

9.4.4. Orações subordinadas adverbiais

São orações que exercem função sintática de adjunto do verbo da oração principal, expressando, à moda de advérbios e locuções adverbais, as mais variadas circunstâncias. A propósito, as noções semânticas que dão origem à classificação das orações subordinadas adverbiais aparecem ordinariamente inseridas nos conectores utilizados.

Listam-se a seguir as orações normalmente registradas em compêndios gramaticais.

9.4.4.1. Causal

Exprime a causa do que se expõe na oração principal:

---

73 É apenas uma notação didática classificar *por quem*, no exemplo, como *locução pronominal relativa*. Na verdade, há somente um pronome relativo (*quem*), o qual retoma anaforicamente o SN *as pessoas*. A preposição *por* é o conectivo característico para a função sintática de agente da passiva.

(495) Ela se saiu bem nos exames / ***porque estudou bastante***. (OP + OS ADV causal)

Fato expresso na oração principal: sair-se bem nos exames; causa desse fato: *estudou bastante.*

(496) ***Já que não havia professores***, / os alunos foram dispensados. (OS ADV causal + OP)

Fato expresso na oração principal: os alunos foram dispensados; causa do fato: *não havia professores.*

Há muito se fala na confusão entre orações coordenadas sindéticas explicativas e subordinadas adverbiais causais. Não obstante, importa notar que as coordenadas explicativas não expressam a causa do que se expõe na oração principal – realidade das subordinadas adverbiais causais. O que há nas orações explicativas são, como bem diz a nomenclatura, explicações para ordens, pedidos ou inferências feitas na oração assindética. Confiram-se os exemplos.

(497) O professor não veio à faculdade, / ***já que o carro dele não está no estacionamento***. (OCA + OCS explicativa)

(498) Feche a porta, / ***que estou trabalhando neste momento***. (OCA + OCS explicativa)

(499) ***Já que houve tumulto nas ruas***, / os moradores permaneceram em suas casas. (OS ADV causal + OP)

(500) José expressou livremente sua opinião / ***porque a liberdade é valor inatacável***. (OP + OS ADV causal)

Nos exemplos (497) e (498), como já identificado, as orações em destaque são coordenadas sindéticas explicativas, haja vista que, em (497), a oração '*já que o carro dele não está no estacionamento*' não expressa a causa do que se expõe na oração anterior, e sim explicação para um cálculo de sentido: levanta-se a hipótese de o professor não estar na faculdade em virtude da ausência do carro no estacionamento. Também não há, no exemplo (498), o esquema epistemológico '*fato + causa do fato*', típico das construções causais; o que existe é um pedido feito na primeira oração e a explicação para esse pedido na segunda oração.

As sentenças (499) e (500), por sua vez, apresentam justamente o esquema supracitado, na medida em que *'haver tumulto nas ruas'* (499) e *'ser a liberdade valor inatacável'* (500) são as causas de *'os moradores permanecerem em suas casas'* e *'José expressar livremente sua opinião'*.

Mais uma vez, a distinção parece aludir mais ao nível semântico-epistêmico do que ao campo sintático. Não se trata, porém, de noções sinonímicas, como foi demonstrado.

9.4.4.2. Temporal

Exprime circunstância de tempo em relação ao que se expõe na oração principal:

(501) "***Quando o sol bater na janela do teu quarto***, / lembra / e vê / que o caminho é um só." [Renato Russo] (OS ADV temporal + OP / OCA + OCS aditiva / OP + OSSOD)

(502) Eles foram ao mercado ***assim que anoiteceu***. (OP + OS ADV temporal)

O exemplo (501) demonstra bem o chamado *período misto*. A primeira oração (*quando o sol bater na janela do teu quarto*) é subordinada à segunda (*lembra*) e à terceira (*e vê*), duas coordenadas entre si, que funcionam, conjuntamente, como OP em relação às duas subordinadas: a adverbial temporal (primeira oração) e a substantiva objetiva direta (última oração); ou seja, dá-se a característica sintática de uma só oração subordinada (*que o caminho é um só*) complementar a predicação de dois verbos (*lembra* e *vê*).

No exemplo (502), *'assim que anoiteceu'* é um adjunto verbal oracional de tempo referente ao verbo *'foram'*, que consta da OP.

9.4.4.3. Concessiva

Exprime circunstância de concessão, isto é, algo adverso ao fato exposto na oração principal, mas não o suficiente para anulá-lo:

(503) ***Ainda que a liberdade me seja cerceada***, não vou calar minha voz. (OS ADV concessiva + OP)

(504) O curso vai indo bem, ***embora haja alguns empecilhos***. (OP + OS ADV concessiva)

Nos exemplos acima, as orações subordinadas adverbiais são adjuntos verbais de concessão alusivos aos verbos perifrásticos e seus circunstancializadores – negação em (503) e modo em (504). Dá-se, então, o esquema *"não se calar, embora X"* (503); *"ir bem, embora X"* (504). Deve-se observar, contudo, que há vários aspectos semântico-pragmáticos envolvidos nas posições anteposta ou posposta de orações concessivas. Há, inclusive, certa tendência a que a concessiva posposta, em caráter de mera alusão, tenha menos peso semântico do que a concessiva anteposta, por meio da qual se pesam argumentos em processo contrapontístico (cf. Peixoto Filho, 2020).

9.4.4.4. Condicional / hipotética

São orações que expressam uma condição para que o fato exposto na oração principal se realize ou tenha validade. As condicionais estritas são as introduzidas pela locução conjuntiva *desde que*; as orações introduzidas por *se* podem também apresentar semântica de *hipótese*, *suposição* ou ainda *concessão*. Vejam-se os exemplos.

(505) Eu vou à praia / ***desde que não chova***. (OP + OS ADV condicional)

(506) ***Se você quiser***, / a gente vai à praia neste fim de semana. (OS ADV hipotética + OP)

(507) "***Se eles são famosos***, sou Napoleão." [Arnaldo Baptista & Rita Lee] (OS ADV concessiva [ainda que eles sejam famosos] + OP)

Sobre este tópico, vale ainda citar M. Said Ali (1969: 136-7):

A proposição hipotética serve para exprimir (...) um fato eventual; mas pode também denotar um fato real, ou admitido como real, porém em contradição com outro acontecimento. É linguagem usada sobretudo nas argumentações:

> Pois *se* o reino já então *era chegado*, como pedimos nós ainda agora que venha? (Vieira)
>
> *Se tendes* propósito de vos converter, porque (sic) não o fazeis?
>
> Mas *se era* história, como era parábola?
>
> Como queres melhorar, *se* não *tomas* o remédio?
>
> (...)
>
> Um fato real e verdadeiro, devido a causa excepcional, enuncia-se muitas vezes sob forma de proposição hipotética seguida da proposição esclarecedora:
>
> *Se alcançaste* o primeiro posto, deves esta felicidade ao bom empenho de teus amigos.
>
> *Se* os sitiados *se renderam*, foi porque tinham acabado as munições.

O autor confirma, desse modo, que as noções semânticas envolvidas em orações adverbiais supostamente condicionais ou hipotéticas podem envolver aspectos epistemológicos de certa variedade: hipótese, suposição, condição, concessão.

9.4.4.5. Comparativa

Exprime circunstância de comparação com o que se expõe na oração principal. Ordinariamente com verbo elíptico, a oração subordinada adverbial comparativa quase sempre forma par estrutural com a oração "subordinante", podendo-se considerar **par correlativo**: *menos / que* (ou *do que*), *mais / que* (ou *do que*) *tão / quanto*. Não se trataria, portanto, de sintaxe subordinativa, mas sim **correlativa**.

Exemplos:

(508) José é ***mais*** esforçado / ***do que a irmã***.

(509) Maria é ***tão*** inteligente / ***quanto José***.

A correlação fica demonstrada em virtude da agramaticalidade das supostas orações subordinantes ou principais em (508)

**José é mais esforçado* e (509) **Maria é tão inteligente*, nas quais existe uma parte da locução conjuntiva que se completa na suposta oração subordinada: em (508), *mais do que*; em (509), *tão quanto*.

Por outro lado, um período do tipo '*Ele fala como papagaio (fala)*' pode ensejar a estrutura sintática 'OP + OS ADV comparativa (ou *modal*)', visto que existe, no caso, uma oração subordinante gramatical (*ele fala*), o que é uma regularidade no período composto com orações adverbiais.

9.4.4.6. Conformativa

Exprime circunstância de conformidade em relação ao que se expõe na oração principal:

> (510) ***Segundo noticiaram os jornais***, / o ministro acumulou sua fortuna ilicitamente. (OS ADV conformativa + OP)

> (511) Toda criança tem direito à educação básica gratuita e de qualidade, / ***conforme está assegurado pela própria Constituição Federal***. (OP + OS ADV conformativa)

9.4.4.7. Proporcional

Exprime circunstância de proporção em face do que se expõe na oração principal:

> (512) "*À medida que a gente ia crescendo*, / as letras iam diminuindo." [Luis Fernando Verissimo] (OS ADV proporcional + OP)

> (513) Todos evoluem intelectualmente / ***à proporção que se dedicam à leitura de bons livros***. (OP + OS ADV proporcional)

A conjunção *conforme* pode exprimir sentido proporcional ou conformativo, o que costuma gerar certa confusão taxonômica. Trata-se, porém, de óticas semânticas distintas, uma vez que a noção quantitativa, presente na proporção, não existe na conformidade. Vejam-se os exemplos abaixo.

(514) O aluno perdeu a insegurança / ***conforme as explicações do professor se tornaram mais claras***. (OP + OS ADV proporcional)

(515) ***Conforme publicaram os jornais de hoje***, ocorreram manifestações contra e pró-governo. (OS ADV conformativa + OP)

Note-se que, no exemplo (514), existe uma noção semântica quantitativa de proporcionalidade entre as duas orações: um fato cresce (ou decresce) à proporção que outro fato também cresce ou decresce. No exemplo, '*perder a insegurança*' (OP) acompanha quantitativamente a '*clareza nas explicações do professor*' (OS ADV proporcional). O exemplo (515), por sua vez, expressa um aspecto declarado na OP (*ocorreram manifestações contra e pró-governo*) em conformidade com o exposto na oração subordinada (*conforme publicaram os jornais de hoje*), sem qualquer referência à semântica quantitativa ou proporcional.

8.4.4.8. Consecutiva

Expressa a consequência do que se expõe na oração principal. Contudo, no plano sintático, mais uma vez se está diante de um **par correlativo**: ***tanto que***, locução conjuntiva cujos elementos se distribuem nas duas orações:

(516) O lutador brigou ***tanto*** / ***que hoje apresenta problemas cerebrais***.

(517) "Outrora o passado surgia com ***tanto*** vigor na vida desse homem, / ***que anulava o presente***." [José de Alencar]

Perceba-se que, no exemplo (516), o vocábulo *tanto* não se deve interpretar como adjunto verbal isoladamente, pois faz par correlativo com o vocábulo *que*, constante da oração posposta.

No exemplo (517), por outro lado, dá-se um fator interessante, já que a locução *com tanto vigor* parece exercer função sintática de adjunto verbal de modo alusivo ao verbo *surgia*.

Ainda assim, deve-se observar a relação estrutural do vocábulo *tanto*, na primeira oração, com o vocábulo *que*, na segunda oração. A prova disso é a impossibilidade de substituir *tanto* por outro pronome supostamente equivalente no nível semântico. Confira-se:

> (518) *Outrora o passado surgia com ***muito*** vigor na vida desse homem, ***que*** anulava o presente.

Ou seja, o vocábulo *que*, na segunda oração, parece necessariamente associar-se ao vocábulo *tanto*, presente na oração anterior, numa espécie de par conjuntivo, o que aponta para a sintaxe correlativa.

9.4.4.9. Final

Expressa finalidade ou objetivo do que se expõe na oração principal:

> (519) Levanta logo / e coloca a roupa / ***para não chegar atrasado ao trabalho***. (OCA / OP + OCS aditiva / OP + OS ADV final reduzida de infinitivo)

> (520) "Fiz-lhe sinal / ***para que não insistisse***, / e ele calou-se por alguns instantes." [Machado de Assis] (OP + OS ADV final + OCS aditiva)

Nota-se com alguma facilidade que os períodos acima exemplificados são *mistos*. No primeiro exemplo, aliás, deve-se perceber que as duas primeiras orações, coordenadas entre si, são principais em relação à terceira oração (subordinada adverbial final), visto que "*para não chegar atrasado ao trabalho*" é a finalidade ou objetivo pelo qual se pede que o interlocutor "*levante* e *coloque a roupa*". No segundo exemplo, a terceira oração, coordenada aditiva, acrescenta informação ao que se expõe nas duas orações anteriores – a subordinante e a subordinada adverbial final.

9.4.4.10. Modal

Expressa circunstância de modo em relação ao que se expõe na oração principal. As locuções conjuntivas modais típicas são ***como se*** e ***sem que***.

Exemplos:

(521) "Flutuou no ar / ***como se fosse um pássaro***." [Chico Buarque] (OP + OS ADV modal)

(522) Ela nos trata / ***como se fôssemos crianças***. (OP + OS ADV modal)

(523) José se retirou da sala / ***sem que ninguém percebesse***. (OP + OS ADV modal)

A taxonomia modal das orações subordinadas em destaque nos exemplos acima parece irrefutável. Com efeito, "*como se fosse um pássaro*" é o modo com que "*(ele) flutuou no ar*" (521); "*como se fôssemos crianças*" é o modo como que "*ela nos trata*" (522); "*sem que ninguém percebesse*" é o modo com que "*José se retirou da sala*" (523). Apesar disso, como já se disse, a NGB não acolhe a oração subordinada adverbial modal, ainda que vários autores a registrem (cf., por exemplo, Kury, 1997: 100-3; Bechara, 1992: 142; Infante, 1995: 431).

9.5. Correlação

Convém a princípio destacar algumas importantes palavras de Rodrigues (2011: 233) sobre o assunto:

> As subordinadas substantivas funcionam como um constituinte da oração principal – *João disse que vinha*. Nesse caso, há o encaixamento da segunda oração – *que vinha* – no SV da primeira – *disse*. As adverbiais comportam-se como modificadoras de sintagmas verbais ou de toda a oração – *João saiu quando eu cheguei*, em que não se observa o encaixe da segunda oração – *quando eu cheguei* – em nenhum constituinte da primeira, mas uma relação de adjunção ao verbo para indicar uma circunstância,

um conteúdo semântico. As orações adjetivas são modificadoras de nomes, como ocorre em *O aluno escreveu um texto que não se pode compreender*, em que *que não se pode compreender* faz parte da estrutura do SN, modifica o núcleo *texto*.

A análise do período *"Lê mais do que escreve"* (...), além de servir para demonstrar a proposta da correlação, ilustra em parte o comentário supracitado. A segunda oração não se relaciona diretamente a algum verbo da primeira como ocorre com as substantivas, já que aqui a relação não é de complementação; ela também não se liga semanticamente ao verbo como ocorre com as adverbiais, já que a relação não é de adjunção; a segunda oração não se relaciona, ainda, a um substantivo numa estrutura de modificação, como sucede com as adjetivas. No exemplo em análise, as duas orações são interdependentes, porque se relacionam por meio das expressões *mais* e *do que*, que constituem um par correlativo.

Em acréscimo aos argumentos da autora, deve-se destacar o problema da agramaticalidade num dos membros do par correlativo, o que não costuma ocorrer na coordenação e na subordinação com orações adverbiais.

Considerem-se os exemplos abaixo.

(524) Maria foi à festa / ***e*** dançou com vários rapazes.

(525) Maria ***não só*** foi à festa, / ***como também*** dançou com vários rapazes.

(526) José parecia gripado / ***quando*** voltou da rua.

(527) José estava ***tão*** gripado / ***quanto*** Maria.

Em (524), não há qualquer problema no reconhecimento da sintaxe coordenativa, visto que à primeira oração, autônoma nos planos sintático e semântico, acrescenta-se uma cláusula aditiva com auxílio do conector canônico *e*. Não se pode afirmar, no entanto, que em (525) haja uma oração autônoma, qualquer que seja o nível analisado. O que há é uma estrutura conjuntiva (*não só / como também*) desdobrada em duas orações, que formam par correlativo. Pelo prisma estritamente semântico, é possível afirmar que o peso argumentativo da segunda cláusula é maior que o da primeira. No plano organizacional, porém, a noção de acréscimo informativo-argumentativo alude ao período como um todo.

Em (526), a chamada *oração principal* também é autônoma nos níveis sintático e semântico, exercendo a oração posposta a função de adjunto verbal de tempo. Trata-se, deste modo, de uma estrutura típica de subordinação, na medida em que uma oração é termo sintático da outra. No período (527), todavia, não se pode afirmar categoricamente que haja uma *oração principal* e outra oração *subordinada* a ela, considerando a interdependência entre as duas cláusulas que formam o par correlativo. Ainda que a tradição gramatical enxergue a oração '*quanto Maria (estava gripada)*' como *subordinada adverbial comparativa*, é preciso não esquecer que a estrutura correlativa *tão quanto* se desdobra nas duas orações, estabelecendo o processo coesivo. Em síntese, ainda que a noção semântica de *comparação* de fato exista, não se pode falar numa oração regente (principal ou subordinante) e outra regida (subordinada).

Gladstone Chaves de Melo, bem antes de Violeta Rodrigues, já concebia a correlação como um terceiro processo sintático. Nas palavras do autor,

> (...) a correlação é um processo sintático irredutível a qualquer dos outros dois[74], um processo mais complexo, em que há, de certo modo, interdependência. Nele, dá-se a intensificação de um dos membros da frase, ou de toda a frase, intensificação que pede um termo. (Melo, 1980: 152)

Dentre as noções semânticas expressas pelos pares correlativos, destacam-se as seguintes:

a) **adição**

> (528) José ***não só*** trabalhou na lavoura, / ***mas também*** sofreu nas mãos de empresários corruptos.
>
> (529) Teresa ***não somente*** era uma mulher bonita, / ***como também*** encantava a todos com sua simpatia.

---

74 Coordenação e subordinação.

b) **alternância**

(530) ***Ora*** Maria reclamava dos filhos, / ***ora*** se mostrava orgulhosa deles.

c) **comparação**

(531) Maria é ***mais*** esforçada / ***que*** José.

(532) Maria é ***menos*** esforçada / ***que*** José.

(533) Maria é ***tão*** esforçada / ***quanto*** José.

d) **consequência**

(534) José trabalhou ***tanto*** / ***que*** adoeceu.

(535) Maria era ***tão*** bonita / ***que*** causava ciúmes em José.

e) **disjunção**

(536) ***Ou*** você estuda / ***ou*** você brinca.

f) **proporção**

(537) Quanto ***mais*** José trabalha, ***mais*** os problemas conjugais se mantêm.

9.6. Orações reduzidas

Chamam-se *reduzidas* as orações cujo verbo aparece numa das formas nominais: infinitivo, gerúndio ou particípio. Assim, as *orações reduzidas* se distinguem das *orações desenvolvidas* porque estas apresentam o verbo flexionado, conjugado, enquanto aquelas apresentam o verbo numa forma nominal, substituindo-se por vezes a conjunção pela preposição.

Exemplos:

(538) ***Por estar molhado o chão***, / João acredita / que choveu durante a madrugada.

(539) Ele julga / ***realizar tudo com perfeição***.

(540) Eles chegaram à festa / ***exagerando nos trejeitos***.

(541) ***Terminada a aula***, / os alunos se retiraram.

(542) "Havia ali um bêbado / ***tresvariando em voz alta***." [Graciliano Ramos]

(543) ***Havendo condições***, / lecionaremos à tarde.

As estruturas sintáticas dos exemplos (538) a (543) se descrevem abaixo:

(538) **OCS explicativa reduzida de infinitivo + OP + OSSOI**. Desenvolvendo-se a oração reduzida e levando o período à ordem direta, tem-se o seguinte: '*João acredita / que choveu durante a madrugada / porque o chão está molhado*'.

(539) **OP + OSSOD reduzida de infinitivo**. Eis o período desenvolvendo-se a oração reduzida: '*Ele julga / que realiza tudo com perfeição*'.

(540) **OP + OS ADV modal reduzida de gerúndio**. Neste caso, não há como desenvolver a oração reduzida sem alterar radicalmente a semântica do período.

(541) **OS ADV temporal reduzida de particípio + OP**. Desenvolvendo a oração reduzida: '*Quando a aula terminou, os alunos se retiraram*'.

Acima, a correspondência perfeita entres as formas reduzida e desenvolvida da mesma oração subordinada é ponto a favor de se considerar o particípio um verbo, ainda que haja a concordância de gênero[75], o que obviamente não representa característica gramatical dos verbos.

(542) **OP + OS ADJ restritiva reduzida de gerúndio**. Eis o período com a oração desenvolvida: '*Havia ali um bêbado / que tresvariava em voz alta*'.

(543) **OS ADV condicional ou temporal reduzida de gerúndio + OP**. Desenvolvendo a oração reduzida, tanto

75 Cf. 'termina a aula', 'terminado o encontro'.

na interpretação condicional quanto na temporal, tem-se: *'Se houver condições, lecionaremos à tarde'*; *'Quando houver condições, lecionaremos à tarde'*.

10. SINTAXE RELACIONAL

10.1. Definição, campo de análise

Como já se colocou, a sintaxe das relações, considerando a gramática microssintática (sintaxe da sentença), examina as categorias de *concordância, regência* e *colocação de pronomes oblíquos átonos* no interior dos períodos. Não obstante pertencerem ao mesmo campo geral, deve-se observar o seguinte:

a) a concordância é um fenômeno estritamente gramatical, sintático, e não sofre influência do campo semântico[76];

b) a regência é um processo semântico-gramatical, visto que alterações semânticas podem interferir diretamente na forma com que complementamos ou não os elementos subordinantes;

c) a colocação dos pronomes oblíquos átonos não é fruto de aspectos gramaticais ou da estrutura sintática da língua, mas sim de convenções normativas, considerando o que seria "escrever bem", "falar bem", de acordo com os usos dos escritores e falantes escolarizados.

10.2. Concordância

Diz respeito à característica gramatical de um componente moldar suas flexões de gênero, número e pessoa de acordo com as eventuais flexões de outro componente da oração ou período. Daí falar-se em *concordância*, isto é, um sintagma ou vocábulo *concordar* gramaticalmente com outro.

76 Com exceção das silepses de gênero, número e pessoa.

Há três tipos de concordância: além das tradicionais concordâncias *verbal* e *nominal*, tem-se a concordância *geral*, também chamada *uniformidade de tratamento*. Confiram-se os casos.

10.2.1. Concordância verbal

Consiste no fato de a flexão do verbo ocorrer de acordo com o número e a pessoa do pronome-sujeito – explícito, implícito ou preenchido por um sintagma nominal.

Exemplos:

(544) "Uma parte de mim ***é*** multidão." [Ferreira Gullar]

(545) "Por que ***vos esqueceis*** de tão religiosas misérias, de tão católicas tribulações?" [Antônio Vieira]

(546) "Ao redor da mesa, por um instante imobilizados, ***acha-vam-se*** o pai, a mãe, a avó, três crianças e uma mocinha magra de dezenove anos." [Clarice Lispector]

Em (544), o verbo *ser* concorda com o pronome-sujeito *ela*, representado na sentença pelo SN *uma parte de mim*. Em (545), o verbo pronominal *esquecer-se* concorda com o pronome-sujeito *vós*, implícito na flexão verbal. Em (546), o verbo pronominal *achar-se* concorda com o pronome sujeito *eles*, representado na sentença por vários SNs: *o pai, a mãe, a avó, três crianças* e *uma mocinha magra de dezenove anos*.

10.2.2. Casos especiais de concordância verbal[77]

a) Quando o pronome-sujeito é representado por expressão partitiva ou coletiva, o verbo ordinariamente faz a concordância regular, isto é, concorda com o núcleo do SN:

(547) A ***maioria*** absoluta das pessoas ***possui*** alguma crença religiosa.

---

77 As regras propostas se baseiam em Peixoto Filho (2001) a partir do português culto escrito.

(548) ***Metade*** dos candidatos ***ficou*** reprovada.

(549) Uma ***parte*** dos torcedores ainda ***tem*** esperanças no título.

Nos três exemplos acima, as expressões partitivas preenchem sintagmaticamente o pronome-sujeito *ela*, levando os verbos *possuir*, *ficar* e *ter* a se flexionarem a partir desse pronome.

b) Em orações com sujeito posposto ou interposto, faz-se regularmente a concordância:

(550) "***São*** invioláveis a ***intimidade***, a ***vida*** privada, a ***honra*** e a ***imagem*** das pessoas (...)." [Constituição Federal]

(551) "***Restam*** duas ***observações*** finais." [J. M. Camara Jr.]

(552) "***Volvem*** os ***vaqueiros*** ao pouso (...)." [Euclides da Cunha]

Nos exemplos acima, desfazendo-se a posposição e substituindo os SNs pelos pronomes-sujeito, tem-se as seguintes equivalências sintáticas: *elas são* invioláveis (550); *elas restam* (551); *eles volvem* ao pouso (552).

c) A concordância também é regular em orações na voz passiva sintética:

(553) "***Encontram-se*** nas florestas do Brasil ***árvores*** preciosas." [José de Alencar]

(554) ***Aceitam-se encomendas*** de bolos e salgados.

(555) ***Fizeram-se*** muitos ***esforços*** para que houvesse mais universidades no Brasil.

Todas as construções na voz passiva sintética podem-se transportar para a voz passiva analítica, ainda que nem sempre haja coincidência semântica. Podem-se reescrever na passiva analítica o exemplo (553): '*Árvores preciosas são encontradas nas florestas do Brasil*'; o exemplo (554): '*Encomendas de bolos e salgados são aceitas*'; o exemplo (555): '*Muitos esforços foram feitos para que houvesse mais universidades no Brasil*'.

Não obstante, livros, dissertações, teses e inúmeros artigos acadêmicos têm colocado em xeque a função subjetiva de SNs na voz passiva sintética. Para alguns linguistas, o sintagma sujeito possuiria características sintático-semânticas de objeto, o que justificaria o verbo no singular (cf., por exemplo, Scherre, 2005). É preciso dizer, porém, que há dois *corpora* bastante distintos que originam abordagens também distintas. Uma coisa é fazer estudos sobre a fala popular, variedade na qual (estamos cansados de saber) a concordância não se faz segundo os cânones normativos; outra coisa bem diferente é examinar a língua portuguesa culta escrita, utilizada na mídia impressa por escritores escolarizados, que têm compromissos com essa variedade linguística.

Foi justamente o português culto escrito a variedade focalizada na pesquisa que deu origem à dissertação já citada aqui (Peixoto Filho, 2001), particularizando o fenômeno sintático da concordância verbal. No caso específico da voz passiva sintética, os dados são categóricos: em 400 textos examinados (jornais *O Globo* e *Jornal do Brasil*; revistas *Veja* e *Isto É*), 92% das ocorrências apresentaram a concordância regular, com o núcleo do sujeito. Além disso, as poucas ocorrências irregulares foram condicionadas por certas características semântico-pragmáticas que concorreram para a não realização da concordância (cf. *op. cit.*, pp. 108-11).

d) Quando o sujeito é constituído por expressões de porcentagem, a concordância é feita com o núcleo nominal da expressão preposicionada que especifica a referência numérica:

(556) 20% dos ***alunos*** matriculados ***saíram*** do curso.

(557) 30% da ***turma*** do 9º. ano ***ficará*** em recuperação.

(558) Cerca de 50% dos ***alunos*** da rede pública não ***chegam*** à universidade.

e) Os verbos *haver* ou *ter*, utilizados no sentido de *acontecer, existir, ocorrer* ou na acepção de *tempo decorrido*, são unipessoais, isto é, só se flexionam na pessoa neutra ou não marcada (3ª. do singular). Tal concordância também vale para o verbo *fazer* na acepção de tempo decorrido.

Exemplos (com indicação semântica entre parênteses):

(559) "***Há*** tempos o encanto está ausente e ***há*** ferrugem nos sorrisos." [Renato Russo] (tempo decorrido, existência)

(560) ***Houve*** manifestações contra o governo federal. (ocorrência ou acontecimento)

(561) ***Havia*** trinta pessoas no pátio. (existência)

(562) ***Faz*** meses que ele não aparece por aqui. (tempo decorrido)

(563) ***Fazia*** *vários anos que isto não ocorria.* (tempo decorrido)

(564) ***Tem*** vários alunos lá fora. (existência)

(565) ***Tinha*** meses que Maria não aparecia aqui. (tempo decorrido)

(566) "***Tem*** dias que a gente se sente como quem partiu ou morreu." [Chico Buarque] (existência)[78]

f) Nas expressões *mais de, menos de, cerca de* e *perto de,* o verbo concorda com o SN posposto a essas expressões:

(567) Mais de **uma pessoa** ***esteve*** presente na sessão.

(568) Menos de **quinze alunos** ***assistiram*** à aula naquele dia.

(569) Cerca de **cem pessoas** ***aguardavam*** a conversa com a governadora.

g) A expressão *um dos que* (ou sua flexão de gênero) implica o verbo no plural:

(570) Eu sou ***um dos que*** se ***submeteram*** ao exame.

(571) Maria é ***uma das que*** mais ***reclamam***, mas é também ***uma das que*** menos ***fazem*** os exercícios.

Note-se que que a correta análise sintática dos períodos compostos desfaz, nos exemplos acima, qualquer dúvida de

78 A norma culta mais ortodoxa ainda é reticente quanto ao uso do *ter* existencial, dando preferência ao verbo *haver.*

concordância. Em (570), tem-se *'Eu sou um dos (daqueles) / que (os quais) se submeteram ao exame'*, o que corresponde à estrutura sintática OP + OS ADJ restritiva. Dada essa sintaxe, o verbo da oração subordinada (*submeter-se*) concorda com o pronome relativo (*que* ou *os quais*), retomando o núcleo da expressão preposicionada precedente (d*aqueles*).

No exemplo (571), há dois períodos compostos por subordinação coordenados simetricamente. Propõe-se, então, esta estrutura sintática: OP + OS ADJ restritiva / mas / OP + OS ADJ restritiva; ou seja, *'Maria é uma das (daquelas) / que mais reclamam, /mas/ (Maria) é também umas das (daquelas) / que menos fazem os exercícios'*. A exemplo de (570), o pronome *que*, em (571), na segunda e quarta orações, retoma o demonstrativo *as* (d*aquelas*), demandando a concordância no plural.

h) Há casos em que a concordância verbal se faz de acordo não com a relação sintática, mas com os propósitos do emissor. Em tais casos, onde a língua tem compromissos mais expressivos que formais, dá-se o que se convencionou chamar **silepse** ou **concordância ideológica.**

Exemplos:

> (572) "***A gente*** não ***sabemos*** nem escovar os dentes. Tem gringo dizendo que ***nós é*** indigente." [Roger Moreira]
>
> (573) O ***eleitorado*** não aguentava mais a situação de penúria em que vivia, por isso ***exigiam*** eleições diretas o mais rapidamente possível.
>
> (574) ***Todos somos*** responsáveis por este estado de coisas.

Em (572), o pronome-sujeito *a gente* demanda a concordância na terceira pessoa do singular; o verbo, contudo, aparece na primeira pessoa do plural, o que representa *silepse de número* (trocar o singular pelo plural) e *pessoa* (trocar a terceira pela primeira pessoa).

No exemplo (573), o sujeito do verbo *exigir*, na terceira oração, é o mesmo da primeira oração (*o eleitorado*); esse sujeito é de terceira pessoa do singular, o que implicaria o verbo também nessa pessoa pronominal. A flexão na terceira pessoa do plural representa uma *silepse de número*.

Em (574), finalmente, o pronome-sujeito *todos* demandaria a flexão do verbo *ser* na terceira pessoa do plural. A opção pela primeira pessoa do plural, como estratégia de inclusão, representa *silepse de pessoa*.

i) O pronome oblíquo tônico *mim* não deve funcionar como sujeito de verbos no infinitivo:

(575) Maria pediu para ***eu comprar*** doces para ela.

(576) José trouxe os ingredientes para ***eu fazer*** o bolo.

(577) Levará um bom tempo para ***eu estar*** preparado para os exames.

Quando o pronome pessoal não exerce a função de sujeito, obviamente o pronome *eu* deve ser substituído pelo pronome *mim*. Exemplo: '*Maria trouxe doces para **mim**.*'

Muitas vezes, a oração subjetiva reduzida de infinitivo aparece posposta, tornando problemática a sequência sintática e, consequentemente, dificultando a escolha entre os pronomes *eu* ou *mim*.

Exemplos:

(578) É difícil para mim / ***executar tal tarefa***.

(579) ***Executar tal tarefa*** / é difícil para mim.

Note-se que, nos exemplos acima, o pronome *mim* não funciona como sujeito do verbo *executar*. Pelo contrário, a oração '*executar tal tarefa*' é que funciona como sujeito do verbo *ser* (é), que introduz o predicativo do sujeito (*difícil*).

j) SPreps. são estruturas gramaticais que não funcionam sintaticamente como sujeito. Desse modo, muitas vezes há necessidade de desfazer a contração entre a preposição e o nome, a fim de que não o SPrep., mas o SN (devidamente separado da preposição) exerça sua função regular de sujeito. Vejam-se a seguir alguns exemplos.

(580) O fato ***dele ser*** ministro não o torna inimputável.

(581) A prerrogativa ***dela agir*** sem isonomia deve ser combatida.

(582) Deputados votaram contrariamente ao suposto direito ***do ministro ter*** várias funções.

Nos três exemplos, a organização sintática das sentenças leva SPreps. ou expressões preposicionadas (*dele*, *dela* e *do ministro*) a funcionarem como sujeito, o que é algo esdrúxulo à sintaxe portuguesa. Trata-se de uma situação que implica desfazer as contrações, desfazendo-se também, por consequência, os SPreps., mantendo-se a regularidade gramatical da língua (SNs funcionando como sujeito). Vejam-se as sentenças corrigidas.

(583) O fato ***de ele ser*** ministro não o torna inimputável.

(584) A prerrogativa ***de ela agir*** sem isonomia deve ser combatida.

(585) Deputados votaram contrariamente ao suposto direito ***de o ministro ter*** várias funções.

Isoladas as preposições, observa-se a regularidade sintática da língua. Os pronomes-sujeito *ele* em (583), *ela* em (584) e o SN *o ministro* em (585) funcionam, respectivamente, como sujeito dos verbos *ser*, *agir* e *ter*.

APÊNDICE: USO DO INFINITIVO FLEXIONADO

Como já exposto neste trabalho, há em português, junto ao infinitivo impessoal, não flexionado, o infinitivo pessoal, flexionado. Trata-se de um aspecto morfossintático que mantém, de alguma maneira, as características processuais do verbo na forma infinitiva, associando-a às pessoas pronominais.

Todavia, não existem regras categóricas para uso dos morfemas número-pessoais no infinitivo. No dizer de Cunha & Cintra,

> O emprego das formas flexionadas e não flexionadas do infinitivo é uma das questões mais controvertidas da sintaxe portuguesa.

> Numerosas têm sido as regras propostas pelos gramáticos para orientar com precisão o uso seletivo das duas formas. Quase todas, porém, submetidas a um exame mais acurado, revelaram-se insuficientes ou irreais. Em verdade, os escritores das diversas fases da língua portuguesa nunca se pautaram, no caso, por exclusivas razões de lógica gramatical, mas se viram sempre, no ato da escolha, influenciados por ponderáveis motivos de ordem estilística, tais como ritmo da frase, a ênfase do enunciado, a clareza da expressão.
>
> Por tudo isso, parece-nos mais acertado falar não de regras, mas de tendências que se observam no emprego de uma e de outra forma do infinitivo. (2016: 499)

As palavras dos autores ganham ainda mais relevância quando se trata do *corpus* literário, utilizado pela tradição gramatical durante todo o século XX para a feitura de regras de sintaxe. Com efeito, da primeira fase modernista para cá, os escritores, reagindo ao hermetismo sintático parnasiano, abraçaram as mais variadas construções, tornando fluidas e gradientes suas escolhas.

Não obstante, é preciso lembrar que o uso do morfema número-pessoal no infinitivo é quase sempre uma necessidade de concordância a partir de dado pronome-sujeito. Dito de outro modo, o infinitivo, uma vez flexionado, perde sua feição de forma nominal substantiva para associar-se a uma pronome-sujeito, voltando à sua origem verbal.

O infinitivo flexionado, portanto, só se emprega obrigatoriamente quando houver um pronome-sujeito claramente a ele associado, o que pode, inclusive, assinalar-se com um morfema Ø (primeira e terceira pessoa do singular). E sendo o uso do morfema de número e pessoa uma necessidade gramatical, aconselha-se optar pela forma impessoal, desde que haja ambiente sintático favorável a isso. Vejam-se os exemplos.

(586) José trouxe os ingredientes para Teresa e Maria ***fazerem*** o bolo.

(587) Não me importo com o fato de ***ficarmos*** aqui sozinhos.

(588) "Vivei de tal modo que, ao ***morrerdes***, todos chorem, só vós sorríeis."[79]

Nos três exemplos acima, há orações subordinadas cujos verbos se associam a pronomes-sujeito previamente definidos, forçando, por assim dizer, a concordância.

Em (586), a oração subordinada é uma adverbial final reduzida de infinitivo. A associação do verbo aos dois SNs (*Teresa* e *Maria*), que preenchem o pronome-sujeito *elas*, determina a presença do morfema número-pessoal. A oração, desta forma, permanece classificada como *reduzida de infinitivo*, ainda que esse infinitivo esteja flexionado.

O exemplo (587) expõe outra oração reduzida de infinitivo – uma completiva nominal. Nesse caso, o pronome-sujeito associado à oração principal é distinto do que se associa à oração subordinada, o que leva à flexão do infinitivo. A oração principal '*Não me importo com o fato*' tem como sujeito o pronome *eu*; a oração subordinada '*de ficarmos sozinhos aqui*' tem como sujeito o pronome *nós*, de onde vem a necessidade do morfema *-mos*, de primeira pessoa do plural.

A sentença exortativa (588) mostra uma oração subordinada adverbial temporal reduzida com verbo no infinitivo associado à segunda pessoa do plural (vós). A uniformidade de tratamento, no caso, torna obrigatória a presença do morfema de número e pessoa no verbo da oração subordinada. Tanto é verdade que, alterando-se o tratamento pronominal, outros morfemas se impõem:

3ª. pessoa do singular	***Viva*** de tal modo que, ao morrer-**Ø**, todos chorem, só você sorria.
2ª. pessoa do singular	***Vive*** de tal modo que, ao morrer-**es**, todos chorem, só tu sorrias.
1ª. pessoa do plural	***Vivamos*** de tal modo que, ao morrer-**mos**, todos chorem, só nós sorríamos.
3ª. pessoa do plural	***Vivam*** de tal modo que, ao morrer-**em**, todos chorem, só vocês sorriam.

79 Pensamento atribuído ao filósofo chinês Confúcio.

10.2.3. Concordância nominal

É a harmonia flexional entre o nome substantivo e seus adjuntos e predicativos, ou entre o pronome e seu qualificador:

(589) *a* ***casa*** *vazia, as* ***casas*** *vazias*

(590) *um* ***barraco*** *alugado, uns* ***barracos*** *alugados*

(591) ***Ele*** é *esforçado.* ***Eles*** são *esforçados.* ***Elas*** são *esforçadas.*

Como se pode notar nos exemplos (589) e (590), determinantes e qualificadores concordam em gênero e número com o núcleo sintagmático. O exemplo (591), por seu turno, demonstra que o complemento predicativo também concorda em gênero e número com o pronome-sujeito.

Não parece que a concordância nominal seja uma questão traumática de gramática descritiva ou normativa, ao menos considerando a variedade culta escrita. Na fala popular, entretanto, sobretudo em camadas menos escolarizadas, é comum aparecerem SNs com a flexão de número apenas no determinante (*as casa vazia, os carro quebrado, minhas criança pequena* etc.). Deve-se observar que essas ocorrências se restringem à variedade supracitada, o que não constitui um problema para o estabelecimento da norma culta em sua modalidade escrita (objetivo maior das aulas de Português). Muitas construções sintáticas comuns e perfeitamente aceitáveis na oralidade popular devem ser evitadas na escrita culta, norteada pela norma padrão da língua.

Seja como for, alguns casos de concordância nominal merecem menção.

a) Se houver apenas um qualificador para mais de um nome designador, o masculino (gênero gramatical não marcado em português) deve prevalecer:

(592) Num trabalho acadêmico, é necessário aludir a *autores* e *obras* ***citados*** durante o texto.

(593) Há *comportamentos* e *atitudes* claramente ***nocivos*** à espécie humana.

Não se aconselha aqui a concordância com o nome mais próximo (defendida às vezes pela tradição gramatical). O motivo é que a flexão de gênero exclui o masculino. Por exemplo, numa frase como '*Comprei melões, peras, maçãs e elas estavam maduras*', o substantivo *melões* está ausente da relação de concordância. Por outro lado, na sentença '*Dê atenção a Marta, José e Maria, pois eles necessitam de apoio*', o pronome *eles* dá conta do substantivo masculino e dos femininos. Ou seja, o masculino engloba o feminino, mas o contrário não é verdadeiro.

b) O vocábulo *anexo* é um adjetivo como qualquer outro e deve fazer regularmente a concordância; já a locução *em anexo* é inflexionável.

Exemplos: *documentos anexos, fotografias anexas, documentos em anexo, fotografias em anexo*

c) Os vocábulos *meio, muito* e *bastante* podem funcionar como adjuntos verbal (advérbio) e nominal (pronome adjetivo). No primeiro caso são inflexionáveis; no segundo, concordam normalmente com o substantivo que lhes serve de núcleo:

(594) Maria está ***meio*** calada hoje. (advérbio)

(595) Não use ***meias*** palavras comigo. (pronome adjetivo)

(596) Elas estavam ***bastante*** preocupadas com a notícia. (advérbio)

(597) Elas trouxeram ***bastantes*** frutas da feira. (pronome adjetivo)

(598) Elas estavam ***muito*** preocupadas com a notícia. (advérbio)

(599) Elas têm ***muitas*** roupas. (pronome adjetivo)

Obs.: Vocábulos como *bastante, vário, diverso* etc., quando pospostos ao núcleo do SN, são adjetivos e fazem normalmente a concordância:

(600) Não há ***palavras bastantes*** para expressar o que sinto.

(601) Há ***teorias diversas*** que explicam a relação entre mães e filhos.

(602) ***Aspectos vários*** percorrem a história moderna do Brasil.

d) As expressões *junto a, junto com* e *junto de* são locuções prepositivas inflexionáveis:

(603) Maria e Teresa chegaram ao baile ***junto com*** a mãe (*junto da mãe, junto à mãe*).

(604) Pedro e João não ficaram ***junto dos*** amigos durante o seminário. (*junto com os amigos, junto aos amigos*)

(605) Elas estão ***junto a*** você na homenagem às vítimas. (*junto com você, junto de você*).

e) O vocábulo *mesmo* pode significar *por si próprio*, ocasião em que se fará normalmente a concordância, ou *verdadeiramente, de modo algum*, quando ficará inflexionável:

(606) Deixe que eu ***mesma*** faço o relatório – respondeu Maria a José. (*mesma: por mim própria*)

(607) Deixe que o menino ***mesmo*** faz o serviço. (*mesmo: por si próprio*)

(608) João e Teresa não tomam jeito ***mesmo***. (*mesmo: de modo algum*)

(609) João e Teresa estão ***mesmo*** muito felizes. (*mesmo: verdadeiramente*)

f) O vocábulo *obrigado* é um adjetivo que tem o sentido similar ao de *grato* ou *agradecido*. Desse modo, a concordância se faz normalmente, de acordo com o emissor do agradecimento:

(610) "Muito ***obrigado***", disse *José* a Pedro.

(611) "Muito ***obrigada***", disse *Maria* a José.

Obs.: A *silepse* ou *concordância ideológica* também pode ocorrer entre os nomes:

(612) ***Vossa Majestade*** está *chateado* com alguma coisa?

(613) Estamos ***convicto*** de que a descrição gramatical tem ainda bastantes serviços a prestar ao magistério.

Em (612), o pronome-sujeito (de tratamento) *vossa majestade* pertence ao gênero feminino. Contudo, como o destinatário da pergunta é do sexo masculino, o locutor optou por não fazer a flexão de gênero no adjetivo de origem participial *chateado*, de modo a atender mais a princípios pragmático-discursivos do que à lógica gramatical.

A concordância regular, no exemplo (613), demandaria a flexão de número no predicativo do sujeito *convicto*, uma vez que o sujeito é de primeira pessoa do plural. Porém o locutor (emissor único) na verdade usa essa pessoa pronominal em virtude da *concordância de modéstia*[80], uma concordância que não se mantém no predicativo. Na sentença, portanto, o predicativo não concorda gramaticalmente com o sujeito, mas com o número gramatical associado ao emissor.

10.2.4. Concordância geral

Trata-se do que muitos estudiosos têm chamado de **uniformidade de tratamento** – aspecto linguístico concernente à concordância que deve prevalecer no tratamento pronominal com que o emissor se dirige ao receptor. Desse modo, as flexões verbais e pronomes usados devem pertencer à mesma pessoa pronominal, ou seja, devem *concordar*, de acordo com o tratamento escolhido no início da comunicação. Vejam-se os exemplos.

80 Texto que, por modéstia, é redigido ou falado em primeira pessoa do plural, ainda que o emissor seja uma única pessoa.

(614) "***Você***, que ***inventou*** a tristeza,
Ora! ***Tenha*** a fineza de desinventar!
Você vai pagar (e é dobrado!)
Cada lágrima rolada nesse meu penar.
Apesar de ***você***, amanhã há de ser outro dia!
Inda pago pra ver o jardim florescer
Qual ***você*** não ***queria***.
Você vai se amargar vendo o dia raiar
Sem ***lhe*** pedir licença,
E eu vou morrer de rir,
Que esse dia há de vir
Antes do que ***você pensa***." [Chico Buarque]

(615) "Ânimo, Brás Cubas; não me ***sejas*** palerma. Que ***tens tu*** com essa sucessão de ruína a ruína ou de flor a flor? ***Trata*** de saborear a vida; e ***fica*** sabendo que a pior filosofia é a do choramingas que se deita à margem do rio para o fim de lastimar o curso incessante das águas. O ofício delas é não parar nunca; ***acomoda-te*** com a lei, e ***trata*** de aproveitá-la." [Machado de Assis]

(616) "***Esperai***! ***Esperai***! ***deixai*** que eu beba
Esta selvagem, livre poesia..." [Castro Alves]

Em (614), o emissor se dirige ao receptor na *terceira pessoa do singular* (*você*). Assim, os verbos e pronomes utilizados pertencem a essa pessoa pronominal, estabelecendo-se a uniformidade de tratamento.

É o que acontece também no exemplo (615), porém na *segunda pessoa do singular* (tu), escolhida pelo emissor para dirigir-se ao receptor. A fim de que se estabeleça a uniformidade de tratamento, todos os pronomes e verbos em referência ao receptor pertencem também a essa pessoa pronominal.

No exemplo (616), finalmente, o emissor se dirige ao receptor na *segunda pessoa do plural* (*vós*), motivo por que, em função da uniformidade de tratamento, os dois verbos no imperativo (*esperai, deixai*) se flexionam nessa pessoa pronominal.[81]

---

81 Ressalte-se que, na oralidade cotidiana, a uniformidade de tratamento praticamente deixou de existir, na medida em que se mesclam características gramaticais dos pronomes *você* (3ª. pessoa do singular) e *tu* (2ª. pessoa do singular). Cf., p. ex., sentenças como '*Eu **te** chamei na rua mas **você** não escutou*' ou '***Você** não está sozinho na **tua** luta*'.

10.3. Regência

É a relação de transitividade ou predicação que associa eventuais complementos a verbos e nomes, com ou sem auxílio de uma preposição.

Exemplos:

(617) José foi **fiel *a seus princípios***.

(618) Maria **precisa *de óculos novos***.

(619) Maria tem **medo *de baratas***.

(620) José **comprou *inseticidas***.

(621) Maria **trabalha** na padaria.

(622) Maria **ofereceu *um lindo presente a José***.

No exemplo (617), o adjetivo *fiel* é um nome transitivo, pressupondo um SPrep. (*a seus princípios*) que lhe complemente indiretamente a predicação (com auxílio da preposição *a*). O adjetivo *fiel* é termo regente ou subordinante; o SPrep. *a seus princípios* é termo regido ou subordinado.

Em (618), o verbo *precisar* é transitivo, pressupondo um SPrep. (*de óculos novos*) que lhe complemente indiretamente a regência, com auxílio da preposição *de*. O verbo é termo regente ou subordinante; o SPrep. é termo regido ou subordinado.

O substantivo *medo*, em (619), é transitivo, pressupondo um SPrep. (*de baratas*) que lhe complemente indiretamente a predicação, com auxílio da preposição *de*. O substantivo é termo subordinante ou regente; o SPrep. é termo subordinado ou regido.

O verbo *comprar*, no exemplo (620), é transitivo, pressupondo um SN (*inseticidas*) que lhe complemente diretamente a predicação, sem necessidade de uma preposição. O verbo é termo subordinante ou regente; o SN é termo regido ou subordinado.

No exemplo (621), o verbo *trabalhar* é intransitivo, já que não pressupõe um SN ou SPrep. que lhe complemente a predicação. Não há, portanto, relação de regência entre o verbo e o

SPrep. posposto (*na padaria*), que funciona sintaticamente como *adjunto verbal de lugar*, e não como complemento verbal.

Em (622), finalmente, o verbo *oferecer* é bitransitivo, ou seja, pressupõe dupla complementação – uma direta, sem necessidade de preposição (*um lindo presente*) e outra indireta, com auxílio da preposição (*a José*). O verbo é termo regente ou subordinante; os dois complementos, tanto o SN *um lindo presente* quanto o SPrep. *a José*, são termos regidos ou subordinados.

10.3.1. Predicação ou regência verbal

Comparadas as perspectivas de dois importantes estudiosos sobre a predicação verbal, Celso Cunha e Rocha Lima, é possível observar que o primeiro trabalha com taxonomias *simplificadas* (por assim dizer), ao passo que o segundo promove desdobramentos.

Grosso modo, Cunha trabalha com as seguintes classificações: a) *transitivo direto*; b) *transitivo indireto*; c) *transitivo direto e indireto*; d) *intransitivo*; e) *de ligação*.

Rocha Lima, por sua vez, faz vários desdobramentos, considerando etimologia e nuanças semânticas que podem residir nos usos verbais. Para ele, os verbos se dividiriam em: a) *transitivo direto*; b) *transitivo indireto*; c) *transitivo direto e indireto*; d) *transitivo relativo*; e) *transitivo circunstancial*; f) *intransitivo*; g) *de ligação*.

A partir de Rocha Lima, José Carlos de Azeredo faz ainda mais desdobramentos e propõe as seguintes terminologias: a) *transitivo direto*; b) *transitivo indireto*; c) *transitivo relativo*; d) *transitivo direto e indireto*; e) *transitivo direto e relativo*; f) *transitivo birrelativo*; g) *transitivo direto e predicativo*; h) *transitivo relativo e predicativo*; i) *intransitivo*; j) *de ligação* (transpositor).

Faz-se a seguir uma análise concisa das propostas taxonômicas de Celso Cunha, Rocha Lima e J. C. de Azeredo.

10.3.1.1. Transitivo direto (VTD)

Verbo que implica **objeto direto (OD)**, ou seja, um complemento associado ao verbo diretamente, sem necessidade de preposição (cf. Cunha & Cintra, 2016: 154).

PERÍODO SIMPLES		
Teresa	fez	o planejamento.
SSE	VTD	OD

PERÍODO COMPOSTO		
Teresa	afirma	que o planejamento está bom.
SSE	VTD	OD oracional

10.3.1.2. Transitivo indireto (VTI)

Verbo que implica **objeto indireto (OI)**, ou seja, um complemento associado ao verbo indiretamente, com auxílio de preposição (cf. Cunha & Cintra, 2016: 157).

PERÍODO SIMPLES		
Teresa	gosta	de textos acadêmicos.
SSE	VTI	OI

PERÍODO COMPOSTO		
Teresa	precisa	de que a ajudem com os textos acadêmicos.
SSE	VTI	OI oracional

10.3.1.3. Bitransitivo (VB)

Verbo que pressupõe dupla complementação – uma direta, sem necessidade de preposição (OD), outra indireta, com auxílio de preposição (OI) (cf. Rocha Lima, 1994: 340-1).

PERÍODO SIMPLES			
Teresa	vai emprestar	o livro	a José.
SSE	VB	OD	OI

PERÍODO COMPOSTO			
Teresa	lhe	explicou	que o projeto não será longo.
SSE	OI	VB	OD oracional

10.3.1.4. Intransitivo (VI)

Verbo que dispensa eventuais complementos (cf. Rocha Lima, *id., ibid.*).

PERÍODO SIMPLES	
João	trabalha.
SSE	VI

Observe-se que o exemplo acima poder-se-ia escrever '*João trabalha no escritório*' ou '*João trabalha muito*'. Nos dois casos, os SAdvs. ('*no escritório*' e '*muito*') não se associam ao verbo em termos predicacionais, isto é, não pertencem à regência do verbo, aparecendo nas sentenças em função adjunta. Confira-se o que expõe Cunha (1994):

> Somente as preposições que ligam complementos a um verbo (objeto indireto) ou a um nome (complemento nominal) estabelecem relações de regência. Por isso, convém distingui-las, com clareza, das que encabeçam adjuntos adverbiais ou adjuntos adnominais (p. 482).

Em '*João trabalha no escritório*' ou '*João trabalha muito*', portanto, os SAdvs. '*no escritório*' e '*muito*' funcionam sintaticamente como adjuntos verbais de lugar e intensidade, respectivamente, e não como complementos do verbo.

10.3.1.5. De ligação (VL)

Verbo que introduz um predicativo do sujeito (PdoS), ou seja, um SN ou SAdj. que qualifica, caracteriza, no interior do predicado, o referente do sujeito.

PERÍODO SIMPLES		
Teresa	está	feliz.
SSE	VL	PdoS

PERÍODO COMPOSTO		
O fato	é	que Teresa não se conformou com a decisão.
SSE	VL	PdoS oracional

Segundo Rocha Lima, na sintaxe canônica do predicado nominal (VL + PdoS), o chamado "*anexo predicativo*" (cf. Ali, 1969: 126-8) não estaria associado à predicação do verbo, não sendo, portanto, um complemento verbal:

> Nos predicados *nominais* do tipo – *o livro é excelente* – não há complemento, porque a função predicativa não é exercida pelo verbo, e sim pelo próprio nome *excelente*. O verbo aí serve apenas de relacionar o predicado com o sujeito, exprimindo os vários *aspectos* sob os quais se considera essa relação: Pedro é doente (aspecto *permanente*); Pedro está doente (aspecto *transitório*), etc. (1994: 324).

A exemplo do que faz quando analisa os objetos indiretos, o autor percorre uma sinuosa estrada semântica para sustentar a tese de que o predicativo do sujeito não seria um complemento verbal. É diversa, obviamente, a perspectiva aqui defendida. Não obstante os vários fatores semântico-etimológicos inseridos nos verbos portugueses, sintaticamente importa notar que o verbo de ligação, à moda dos transitivos, implica, pressupõe (**rege**, portanto) um complemento, sem o qual se configura agramatical a sentença. Ainda no âmbito sintático, a distinção entre o objeto e o predicativo fica no terreno da concordância, que existe entre pronome-sujeito e predicativo, mas não existe entre pronome-sujeito e objeto. Apesar disso, é correto avaliar que tanto o OD quanto o PdoS são, sim, complementos subordinados, regidos pelo VTD e pelo VL, respectivamente, os quais são elementos regentes ou subordinantes.

10.3.1.6. Transitivo relativo (VTR)

Na ótica de Rocha Lima (*op. cit.*), é o verbo que pressupõe complemento regido de preposição; tal complemento, chamado *relativo* (CR), não remeteria à semântica de *ser animado*, motivo por que ficaria inviável a permuta pelo clítico dativo *lhe*. No tópico 10.3.1.2., os exemplos de verbo transitivo indireto seriam, para o autor, verbos transitivos relativos.

10.3.1.7. Transitivo direto e relativo (VTDR)

Para José Carlos de Azeredo, é o verbo que pressupõe dois complementos: um que se associa ao verbo diretamente, sem auxílio de preposição (OD), e outro que se associa ao verbo com auxílio de preposição (CR) (cf. Azeredo, 2008: 218).

PERÍODO SIMPLES			
José	confundiu	Maria	com Teresa.
SSE	VTDR	OD	CR

10.3.1.8. Transitivo birrelativo (VTBR)

Segundo Azeredo (2008: 219), é o verbo que pressupõe dois complementos relativos, ou seja, dois complementos regidos de preposição.

PERÍODO SIMPLES			
Ela	reclamou	do vizinho	com o síndico.
SSE	VTBR	CR	CR

10.3.1.9. Transitivo circunstancial (VTC)

Para Rocha Lima, é o verbo que pressupõe um complemento de natureza adverbial (complemento circunstancial – CC), "tão indispensável à construção (...) quanto, em outros casos, os demais complementos verbais" (Rocha Lima, 1994: 252).

PERÍODO SIMPLES		
Teresa	foi	a São Paulo.
SSE	VTC	CC

10.3.1.10. Transitivo direto e predicativo (VTDP)

Na descrição de Azeredo (2008: 219), é o verbo que pressupõe um objeto direto (OD) e um predicativo associado ao objeto (PdoO).

PERÍODO SIMPLES			
Maria	considera	José	inocente.
SSE	VTDP	OD	PdoO

Ainda neste tópico, para Rocha Lima,

> em frases como – *o sofrimento torna os homens humanos* –, o anexo predicativo *humanos*, conquanto também funcione como

> definidor do OBJETO DIRETO, não deixa de ser exigido pelo sentido da *expressão semântica* formada pelo verbo + objeto direto: o sofrimento *torna os homens (o quê? – humanos)*. Neste caso, o verbo se chama particularmente *transobjetivo*, porque a compreensão do fato verbal *vai além* do objeto direto. (1994: 341-2)

No que concerne à predicação verbal, a descrição sintática aqui proposta se aproxima da visão de Celso Cunha e corresponde a somente cinco taxonomias: *transitivo direto* (VTD); *transitivo indireto* (VTI); *bitransitivo* (VB); *intransitivo* (VI); *de ligação* (VL).

Exemplos de VTD:

(623) José ***vai fazer*** um passeio. (OD: *um passeio*)

(624) Maria ***adora*** passeios. (OD: *passeios*)

(625) Maria e José ***compraram*** as passagens. (OD: *as passagens*)

(626) É preciso ***respeitá***-los. (OD: *los*)

(627) Não a ***vejo*** desde o ano passado. (OD: *a*)

Exemplos de VTI:

(628) Maria ***vai assistir*** à palestra. (OI: *à palestra*)

(629) Maria ***respondeu*** às perguntas com atenção. (OI: *às perguntas*)

(630) José ***acredita*** em milagres. (OI: *em milagres*)

(631) Maria ***foi*** a Nilópolis. (OI: *a Nilópolis*)

(632) Pedro ***mora*** em Nova Iguaçu. (OI: *em Nova Iguaçu*)

Exemplos de VB:

(633) Maria ***dedicou*** um belo poema a José. (OD: *um belo poema*; OI: *a José*)

(634) ***Oferecemos*** aos convidados sobremesa após o almoço. (OD: *sobremesa;* OI: *aos convidados*)

(635) José ***encheu*** o copo com bebida destilada. (OD: *o copo;* OI: *com bebida destilada*)

(636) Maria ***prefere*** Gramática a Literatura. (OD: *Gramática*; OI: *a Literatura*)[82]

(637) Ela não lhe ***dará*** o presente. (OD: *o presente*; OI: *lhe*)

Exemplos de VI:

(638) Maria ***cresceu*** na Baixada Fluminense.

(639) José ***trabalhará*** como pedreiro.

(640) O jogo ***acabou*** tarde.

(641) O bebê ***chorava*** insistentemente.

(642) A criança ***nascerá*** amanhã.

Nos exemplos acima de verbos intransitivos, os sintagmas *na Baixada Fluminense, como pedreiro, tarde, insistentemente* e *amanhã* são adjuntos verbais, visto que os verbos são de predicação plena e as sentenças, perfeitamente gramaticais sem os adjuntos.

Exemplos de VL:

(643) Maria ***vai ser*** advogada. (PdoS: *advogada*)

(644) José ***foi*** engraxate no passado. (PdoS: *engraxate*)

(645) Maria ***parece*** satisfeita. (PdoS: *satisfeita*)

(646) *José* ***está*** feliz. (PdoS: *feliz*)

(647) Maria ***virou*** gerente da loja. (PdoS: *gerente da loja*)

10.3.2. Regência nominal

Trata da relação entre nomes transitivos (substantivos, adjetivos e advérbios) e seus complementos, sempre preposicionados (complementos nominais).

---

82 A regência de semântica comparativa (*preferir uma coisa* ***do que*** *outra*) parece já estabelecida no português do Brasil, inclusive em textos escritos em norma culta.

Como a regência nominal não representa propriamente uma questão complexa de gramática descritiva ou normativa, dão-se a seguir, a título de curiosidade, alguns casos:

a) **acostumado *a/com***

(648) Ela estava ***acostumada*** *com a presença dos filhos / à presença dos filhos.*

b) **adjunto *a/de***

(649) José trabalha como ***adjunto*** *ao diretor da empresa / do diretor da empresa.*

c) **atenção *a/em***

(650) Maria não demonstrava ***atenção*** *à aula / na aula.*

d) **consulta *a***

(651) José faz regularmente ***consultas*** *ao dicionário.*

e) **morador *em***

(652) José era ***morador*** *na Rua das Margaridas.*

f) **preferência *por***

(653) Maria revelou ***preferência*** *por frutas cítricas.*

g) **preferível** – vale a regência do verbo *preferir*, com dupla complementação, uma delas regida pela preposição ***a***; ou, prevalecendo a noção comparativa, a predicação se faz com os elementos ***que*** ou ***do que***

(654) É ***preferível*** *lutar até o fim* ***a*** *desistir no meio do caminho.*
É ***preferível*** *lutar até o fim* ***que*** *(**do que**) desistir no meio do caminho.*

h) **residente *em***

(655) Maria das Dores, ***residente*** *na Rua da Imaculada Conceição,* requer licença sem vencimentos.

i) **senador/deputado/vereador *por***

(656) ACM era ***senador*** *pela Bahia.*

(657) Muitos conseguiram tornar-se ***deputados*** *pelo estado do Rio de Janeiro.*

(658) Meu colega de infância se tornou ***vereador*** *pela cidade de Nova Iguaçu.*

j) **situado/sito em**

(659) A loja estava ***situada*** *em bairro distante.*

(660) O local do assalto foi um armazém ***sito*** *na Rua Quinze de Dezembro,* s/n.

APÊNDICE: CRASE E ACENTO GRAVE

Inicialmente, cumpre estabelecer distinção entre os dois conceitos. **Crase** é o acontecimento fonético de dois fonemas vocálicos idênticos se fundirem (do grego, *krásis*, fusão) em virtude da pronúncia sequenciada; ou seja, como realidade fonética, a crase é um fenômeno que ocorre na pronúncia. O **acento grave** (`), por sua vez, é uma marcação gráfica cujos propósitos são: *a)* indicar na escrita a crase entre duas vogais centrais baixas (*/a/* + */a/*); *b)* evitar ambiguidade sintática em certas perífrases.

Quando se chama o acento grave de "*crase*" (algo bastante comum entre professores de Português), opta-se por um mecanismo metonímico: representar o fenômeno fonético pelo acento gráfico que o pode indicar. É, contudo, uma metonímia que tem causado certa confusão e problemas de aprendizado. Por exemplo, não se deve dizer que "*as pessoas têm dificuldades com a crase*", a qual se realiza, independentemente de nossa vontade, sempre que dois fonemas vocálicos iguais se pronunciam em sequência. Na verdade, o que muitos brasileiros têm são problemas na hora de usar o acento grave, tratando-se de uma dúvida de ortografia, especialmente de acentuação gráfica; dúvida essa que parece originar-se da falta de conhecimentos suficientes no âmbito morfossintático.

Assim, dada a sentença *'A proposta **dele** foi me vender o apartamento **a prazo**, mas optei por comprá-lo **à vista**'*, podem-se fazer as seguintes observações:

I. no SN *'a proposta dele'*, existe crase entre o fonema /**e**/ presente na preposição *de* e o mesmo fonema /**e**/ que inicia o pronome *ele* (d**e** + **e**le);

II. as locuções adverbiais *a prazo* e *à vista* se formam sintaticamente do mesmo modo: preposição *a* mais substantivo. A presença do acento grave na segunda perífrase *não sinaliza existência de crase, e sim um artifício gráfico para evitar* confusão entre o SAdv. *'à vista'* e o SN *'a vista'* que aparece, por exemplo, numa oração do tipo *'José operou a vista'*. Obviamente, essa possível confusão advém da homonímia entre a preposição *a* e o determinante *a* que introduz substantivos de gênero feminino. A correta análise sintática da sentença, contudo, desfaz a ambiguidade e esclarece uso ou não uso do acento grave. Vejam-se abaixo dois exemplos.

(661) Teresa estuda ***à noite***.

(662) Teresa estuda ***a noite***.

(661)			
SN	SV		SAdv.
Teresa	estuda	Ø	***à noite.***
SSE	VTD	OD	adjunto verbal de tempo

(662)		
SN	SV (núcleo + SN)	
Teresa	estuda	***a noite.***
SSE	VTD	OD

Em (661), o objeto direto do verbo *estudar* não aparece na sentença; o que aparece é o adjunto verbal à noite. Não se sabe o que Teresa estuda; sabe-se apenas o período de tempo em que ela estuda. Em (662), constrói-se uma oração de sintaxe canônica em português (S + V + O), ou seja, o SN *a noite* é objeto direto do verbo *estudar*. No caso, Teresa pode ser uma espécie de astrólogo, que faz estudos sobre a noite, tendo-a como objeto de pesquisa. A diferença entre (661) e (662), desse modo, não consiste na presença ou ausência de crase, que não ocorre em nenhuma das orações; o que existe é o acento grave utilizado no SAdv. em (661) para que este seja, de fato, interpretado como adjunto, e não como complemento – intepretação possível em (662).

Dão-se abaixo mais exemplos do acento grave utilizado como marcador de crase ou para evitar ambiguidade sintática.

- **acento grave como indicador de crase entre vogais centrais baixas (/a/ + /a/)**

(663) José foi ***à padaria***.

(664) Ele não fez alusão ao filme de Scorsese, mas sim ***à obra de Pedro Almodóvar***.

(665) Referi-me ***àquele livro que estava na mesa***.

(666) Maria vai oferecer um presente ***à irmã***.

(667) No que concerne ***à psicanálise ortodoxa***, ***à qual*** se relacionam as principais teorias de Freud, vale a revisão dos conceitos basilares, tendo em vista a considerável mutação de costumes nos últimos setenta anos.

Observe-se que os exemplos acima expõem casos de regência verbal ou nominal, com implicação da preposição *a* regendo complementos que se iniciam com o determinante (artigo) *a*, o que acarreta a crase na pronúncia e uso do acento grave na escrita.

Em (663), a regência do verbo *ir* implica preposição *a* no OI, ou seja, *ir* **a + a padaria** (***à*** *padaria*); em (664), a regência do substantivo *alusão* implica preposição *a* no CN, isto é, *alusão* **a + a obra de Pedro Almodóvar** (***à*** *obra de Pedro Almodóvar*); em (665), o VTI *referir-se* implica preposição *a* no OI: *referir-se* **a + aquele livro que estava na mesa** (***à****quele livro que estava* *na mesa*); no exemplo (666), o verbo *oferecer é bitransitivo, pressupondo um OD e um OI regido* da preposição *a*; no caso, *oferecer* um presente (OD) **a + a irmã** (***à*** *irmã*); em (667), finalmente, tem-se as regências dos verbos *concernir* e *relacionar-se*, ambos implicando preposição *a* nos objetos: *concernir* **a + a psicanálise ortodoxa** (***à*** *psicanálise ortodoxa*); as principais teorias de Freud se relacionam **a + a qual** (***à*** *qual* [**a qual**: locução pronominal relativa que retoma anaforicamente o SN '**a psicanálise ortodoxa**']).

▸ acento grave para evitar ambiguidade sintática em perífrases

(668) *É preciso não agir **à pressa*** para não se arrepender depois.

(669) Aqueles garotos falam ***à beça***!

(670) Houve um assassinato ***à faca*** no prédio.

(671) O idoso morreu ***à míngua***.

(672) Maria estuda de manhã e José, ***à tarde***.

Nos exemplos acima, deve-se notar que não há elementos modificados pelas perífrases que demandem a preposição *a*, o que poderia sugerir uma suposta crase. Os verbos *agir* em (668), *falar* em (669) e *morrer* em (671) são intransitivos, ou seja, não regem preposição alguma. Em (670), o substantivo *assassinato* também não implica preposição *a* num eventual complemento; em (672), o verbo *estudar é TD,* embora seja omitido na sentença o OD. Em todos os casos, portanto, utiliza-se o acento grave nas perífrases para que não sejam interpretadas como SNs, em sim como SAdvs. em (668), (669), (671), (672) e SAdj. em (670).

▸ uso "facultativo" do acento grave

Considerando o título deste subtópico, sublinhe-se que as aspas no adjetivo *facultativo* não são gratuitas. Tenta-se com elas sinalizar que não é o acento grave que é facultativo, mas sim o determinante que introduz certos nomes. Dessa forma, configura-se inócuo o procedimento de tentar decorar listas de casos "facultativos" do acento grave. O que cabe ao indivíduo é a consciência acerca dos processos de regência verbal ou nominal e de certas características morfossintáticas dos nomes que podem ou não ser introduzidos pelo artigo. Essa consciência permitirá ao redator fazer suas escolhas, dando ou não preferência à construção com o acento grave.

Por exemplo, Machado de Assis intitula um dos seus mais célebres poemas desta forma: '*A Carolina*'. Nesse caso, o *a* do título não é artigo, e sim preposição. Nosso mais consagrado autor, no poema dedicado à esposa, decidiu trat*á*-la respeitosamente, sem o determinante (indicativo de intimidade), isto é, '*poema dedicado a Carolina*'. Fosse o contrário: Carolina dedicando, com igual respeito, um poema ao esposo, ter-se-ia '*A Machado*', também sem o determinante: '*poema dedicado a Machado de Assis*'. Quisessem Machado e Carolina uma aura menos respeitosa e mais íntima, certamente os títulos se escreveriam 'À Carolina' e '*Ao Machado*'.

Confiram-se mais exemplos.

(673) Amanhã vou **a sua cidade** / ***à sua cidade***.

(674) Ele chegou **a casa** ao meio-dia.

(675) Ele chegou ***à casa dos pais*** ao meio-dia.

(676) A reunião durou **até as 17h** / ***às 17h***.

(677) A aula de Matemática vai **de 13h a 16h**.

(678) A aula de Matemática vai ***das 13h às 16h***.

(679) A gente se vê hoje ***à* uma hora da tarde**.

(680) Pedro vai ***à Bahia*** e depois, **a São Paulo**.

Em (673), deve-se observar que o pronome possessivo tem função determinante na estrutura do SN. Isso faz com que o uso de outro determinante (no caso, o artigo) seja facultado ao redator. Usando-se o artigo, haverá crase entre a vogal /**a**/ representada pela preposição exigida pelo verbo *ir* e a vogal /**a**/ representada pelo determinante, crase essa que se deverá marcar com o acento grave. Não se usando o artigo, o fonema /**a**/ será tão somente uma preposição, sendo desnecessário o acento gráfico.

Analisados os exemplos (674) e (675), o substantivo *casa* dispensa a presença do determinante em (674), tanto é verdade que no mesmo exemplo, redigido com a regência prevalente no Brasil, com a preposição *em*, também não haveria determinante: *'Ele chegou* ***em casa*** *ao meio-dia'*. No exemplo (675), por sua vez, em que há o adjunto genitivo *dos pais*, o determinante passa a ser obrigatório, o que leva à crase entre **/a/** preposição e **/a/** artigo, implicando a marcação com o acento grave[83].

Em (676), o acento grave tem sido utilizado supostamente para evitar ambiguidade sintática; uma ambiguidade que, a bem da verdade, não existe, já que a locução adverbial abrange toda a estrutura (*até as 17h*). Não há, portanto, necessidade do acento grave, embora (reitere-se) se use com regularidade nestes casos.

Os exemplos (677) e (678) demonstram o que se pode chamar *isonomia sintática*, isto é, dar o mesmo tratamento a construções paralelas. Em *'de 13h a 16h'* (677), se não foi usado determinante junto à preposição *de* (o que originaria uma contração), indica-se dar o mesmo tratamento sintático com a preposição *a*, ou seja, não usar o determinante, tornando desnecessário o acento grave. Essa isonomia ocorre em (678) na locução *'das 13h às 16h'*: usou-se o determinante *as* tanto com a preposição *de* (contração: ***das 13h***) quanto com a preposição *a* (crase: **às 16h**)[84].

Sobre os exemplos (679) e (680), registre-se que o uso do acento grave em (679) é uma convenção[85], visto que não há motivação sintático-semântica para a presença do acento na perífrase ***à uma hora***. O exemplo (680), por sua vez, explicita que certos topônimos se introduzem tradicionalmente com artigo (Bahia, por exemplo, em *'ir* ***à Bahia****'*), ao passo que muitos outros dispensam o determinante (São Paulo, Pernambuco, Porto Alegre etc.). Assim, na sentença *'Pedro vai* ***a São Paulo****'*, o **/a/** é tão somente a preposição exigida pelo verbo, não havendo crase nem acento grave para representá-la. Já em *'Pedro vai* ***à Bahia****'*, dá-se a fusão entre o **/a/** da preposição regida pelo

---

83 Também se usa o determinante na regência popular: *'Ele chegou* ***na casa dos pais*** *ao meio-dia'*.

84 *Contração* e *crase* são duas realidades distintas. Na primeira, há perda fonética, aproximando-se de uma espécie de aglutinação (**de + a** casa: **da** casa, em que se perdeu o fonema /e/); na segunda, dois fonemas vocálicos idênticos se fundem, transformando-se num só (**a + a** casa: **à** casa).

85 E a língua também é feita de convenções.

verbo e o /**a**/ artigo, que introduz o topônimo. Dá-se a crase, indicada na escrita pelo acento grave.

Finalmente, é possível afirmar que a maior parte dos erros nesta questão aludem mais ao uso indevido do que à ausência do acento grave nas sentenças[86]. Confiram-se abaixo algumas orações em que esse acento gráfico é usado **indevidamente**:

(681) As festividades na escola ocorrerão de 20 ***à*** 30 de setembro.

(682) Pedro atuava ***à*** serviço da prefeitura.

(683) De repente, José se viu cara ***à*** cara com o inimigo.

(684) Teresa estava ***à*** chorar no quarto.

(685) Ele dedicará o poema ***à*** você.

Nos cinco exemplos, não há razão sintática para que se utilize o acento grave, tratando-se, concomitantemente, de **erros de acentuação gráfica e de sintaxe**. Não há verbos ou nomes que subordinem complementos regidos da preposição *a*, assim como não existe ambiguidade sintática a ser desfeita pelo acento.

Nos exemplos (681), (682) e (683), a preposição *a* aparece compondo adjuntos verbais (SAdvs.), sem que haja qualquer possibilidade de ambiguidade sintática. Em (684), a preposição *a* aparece na composição de uma locução verbal; em (685) a preposição *a* é determinada pela regência do verbo bitransitivo *dedicar*: é uma preposição que aparece isoladamente, pois não há determinante que introduza o pronome *você*.

Em síntese, nos exemplos acima analisados, os elementos com acento grave são apenas preposições isoladas em sua função transpositora, não havendo razão sintático-semântica para uso da notação. Eis, portanto, as frases devidamente corrigidas:

(686) As festividades na escola ocorrerão ***de 20 a 30 de setembro***.

(687) Pedro atuava ***a serviço da prefeitura***.

(688) De repente, José se viu ***cara a cara com o inimigo***.

86 Sobre uso ou não uso do acento grave, talvez o melhor conselho a dar ao estudante seja este: na dúvida, não utilize.

(689) Teresa ***estava a chorar*** no quarto.

(690) Ele dedicará o poema ***a você***.

10.4. Colocação pronominal

Diz respeito à forma mais adequada (segundo os cânones normativos) de colocar os pronomes oblíquos átonos, sempre em relação à forma verbal. Há três posições possíveis:

a) **próclise**: o clítico aparece anteposto à forma verbal:

(691) Nunca **o *vi*** tão feliz.

b) **ênclise**: o clítico aparece posposto à forma verbal ligado a ela por hífen:

(692) ***Peço*-lhe** que me ajude.

c) **mesóclise**: o clítico aparece ligado por hifens no interior da forma verbal; mais exatamente, entre o infinitivo e a terminação:

(693) ***Considerar*-se-*ão*** todos os exemplos arrolados.

10.4.1. Regras de colocação de pronomes oblíquos átonos[87]

a) Na variedade culta escrita, não se inicia uma sentença com o clítico:

(694) "***Apresso-me*** em confessar que foi dessas duas fontes que recebi o primeiro estímulo para os meus próprios ensaios."[88]

87 Segundo a tradição gramatical brasileira.

88 Neste tópico 10.4.1., todas as citações foram extraídas da obra *Totem e Tabu*, de Sigmund Freud (Rio de Janeiro: Imago, 1999). Tradução brasileira: Órizon Carneiro Muniz.

(695) "***Faz-se*** neste livro uma tentativa de deduzir o significado original do totemismo (...)."

A regra acima quase nunca é válida para a oralidade cotidiana, ainda que a variedade em pauta seja a norma culta (que se distingue da norma padrão[89]). A propósito, vários estudos já comprovaram à farta que a nítida preferência dos brasileiros pela próclise tem razões fonético-fonológicas. Neste caso em particular, portanto, não se trata de *erro* ou *falta de conhecimento de gramática normativa*. Trata-se, sim, de adaptação ao ritmo sonoro do português do Brasil, cuja vocalização é mais lenta e marcada do que a da variedade europeia.

Nossos pronomes oblíquos "átonos" são na verdade semitônicos, o que dificulta as posições enclítica e mesoclítica. Apesar disso, ainda hoje provas e concursos públicos (mesmo nas universidades onde se critica intensamente a norma padrão) têm exigido a colocação europeia, intitulada *culta*, em detrimento da nossa colocação pronominal, considerada *solecismo*[90].

b) Quando há um SN sujeito claramente expresso, em geral se dá preferência à próclise:

(696) "(...) ***a descendência se faz*** pela linha feminina (...)."

(697) "***Wundt nos comunica*** a seguir que o tabu é uma expressão e um derivado da crença dos povos primitivos no poder demoníaco."

c) Conectores, advérbios ou locuções adverbiais costumam "atrair" o clítico, implicando a próclise:

(698) "Ao mesmo tempo, é ***de se observar*** que se existisse um certo grau de liberdade de relações sexuais fora do casamento, o parentesco de sangue e, consequentemente, a proibição do incesto, tornar-se-iam tão incertos que a proibição teria necessidade de uma base mais ampla."

---

89 *Norma culta* escrita é a língua como a utilizam escritores, jornalistas, autores de compêndios científicos ou didáticos. *Norma padrão* é uma variedade idealizada, abstrata, que serve como norte ou referência para a construção da norma culta.

90 Erro de sintaxe.

(699) "(...) ***não se aventura*** a ir a sua choupana ***e a cumprimenta*** com voz trêmula."

d) Após uma pausa marcada, dá-se preferência à ênclise:

(700) "No decorrer de seu reinado, ***calcula-se*** que ele tenha tocado perto de mil pessoas."

(701) "Se acompanharmos a mudança das relações entre os sobreviventes e os mortos através das épocas, ***torna-se*** claro que houve uma extraordinária diminuição da ambivalência."

e) Nas locuções verbais, a ênclise em relação ao infinitivo é sempre bem-vinda, o que não se admite com o particípio:

(702) "***Deve espantar-nos*** como autocontraditório que pessoas de um poder tão ilimitado assim precisem ser protegidas com tanto cuidado da ameaça de perigo."

(703) "Não ***podem aproximar-se*** um do outro, ***apertar-se*** as mãos, nem ***presentear-se*** (...)."

f) Ainda em relação aos tempos compostos e perífrases verbais, não havendo fator de próclise, aconselha-se a ênclise em relação ao verbo auxiliar:

(704) "Em primeiro lugar, portanto, ***deve-se dizer*** que não faz nenhum sentido pedir a selvagens que nos digam o motivo real de suas proibições – a origem do tabu."

(705) "Não se baseiam em nenhuma ordem divina, mas ***pode-se dizer*** que se impõem por sua própria conta."

g) Em verbos simples no futuro do presente ou futuro do pretérito do indicativo, não havendo fator de próclise, aconselha-se optar pela mesóclise:

(706) "Se, contudo, devêssemos admitir as alegações assim defendidas por nossa consciência, ***seguir-se-ia***, por um lado, que essas proibições seriam supérfluas (...)."

(707) "***Ver-se-á*** que os dois principais temas dos quais o título deste livro se origina – os totens e os tabus – não receberam o mesmo tratamento."[91]

10.4.2. Mutações fonéticas e gráficas em pronomes enclíticos e mesoclíticos

Os clíticos acusativos ***o, a, os, as***, quando se acoplam em processo de ênclise a verbos que terminam em ***R***, ***S*** ou ***Z***, adquirem respectivamente as formas ***lo, la, los, las***, perdendo o verbo a letra final. O mesmo vale quando esses pronomes se inserem mesocliticamente.

Exemplos:

(708) "O ministro é senhor dos seus atos e responsável por eles; podia demitir-me e ***fê-lo***." [Machado de Assis]

(709) Se você quiser, posso ***recebê-la*** à tarde.

(710) ***Deixamo-los*** sozinhos para que refletissem.

(711) ***Abordá-las-ei*** amanhã durante a palestra.

A língua portuguesa, todos sabemos, encontra-se em franco processo de variação e alterações nos âmbitos fonético e morfossintático, como, aliás, ocorre em qualquer língua viva. Por exemplo, o clítico acusativo de terceira pessoa perde cada vez mais espaço, mesmo na variedade escrita culta, cedendo lugar a estratégias como apagamento e substituição por outras formas lexicais. Desse modo, no português brasileiro atual, os exemplos acima arrolados normalmente se escreveriam como se expõe abaixo:

(712) O ministro é senhor dos seus atos e responsável por eles; podia me demitir e fez isso.

(713) Se você quiser, posso receber você à tarde.

---

91 As citações da tradução de Órizon Carneiro Muniz para o clássico freudiano têm por objetivo comprovar que profissionais como um tradutor, por exemplo, utilizam regularmente, como ferramenta de trabalho, a variedade padrão da língua.

(714) Deixamos eles sozinhos para que refletissem.

(715) Abordarei elas amanhã durante a palestra.

Em (712), tem-se o pronome solto no meio da perífrase verbal ("podia me demitir" – colocação prevalente no português brasileiro) e a permuta do clítico acusativo pelo demonstrativo. O exemplo (713) assinala a repetição do pronome de tratamento *você*, de amplo uso e aceitação no Brasil, que pode funcionar tanto nominativa quanto acusativamente. Os exemplos (714) e (715) explicitam uma tendência geral do português brasileiro: o uso do pronome lexicalizado *ele* (*ela, eles, elas*) tanto na função de sujeito quanto na função de objeto direto. Sendo a escrita culta uma força centrípeta da língua, é normal que ainda haja certa resistência, mas é preciso admitir que essa sintaxe se impõe a cada dia, com pouca resistência da escola, e parece uma questão de tempo para que se estabeleça completamente.

Ainda sobre as mutações nos clíticos acusativos, estes adquirem as formas ***no, na, nos, nas*** quando se acoplam encliticamente a verbos que terminam em som nasal:

(716) ***Fizeram-na*** reconhecer que estava equivocada.

(717) ***Notaram-no*** isolado durante a festa.

A regra acima pode gerar ambiguidade no caso da forma *nos*, que pode representar o clítico *os* nasalado ou o clítico *nos* de 1ª. pessoa do plural. Uma ordem do tipo '*Cortem-nos!*' (em referência à terceira pessoa do plural) pode causar confusão, com sérias consequências para quem a proferiu.

11. MACROSSINTAXE OU COESÃO TEXTUAL

Já referida neste livro, a *macrossintaxe*, também chamada *coesão textual*, é a seção dos estudos sintáticos que verifica a relação harmônica entre as várias partes do texto: palavras, sintagmas, orações, períodos e parágrafos. Portanto, embora comumente se refira a porções maiores de texto, a coesão é diretamente influenciada pela microssintaxe ou sintaxe da sentença.

A linguística do texto é a corrente que mais contribuições tem dado ao desenvolvimento dos estudos não só de coesão, mas também de coerência textual. Segundo Halliday & Hasan (1976 [*apud* Koch, 1997]), a coesão ocorre quando a interpretação de algum elemento no discurso é dependente da de outro. Um pressupõe o outro, no sentido de que não pode ser efetivamente decodificado a não ser por recurso ao outro.

É preciso estabelecer a devida distinção entre os conceitos de *coerência* e *coesão*. Enquanto esta se manifesta na superfície do texto, por intermédio de elementos essencialmente linguísticos, aquela se realiza na interação, na dialogia, no *"intervalo semântico"*[92] entre os interlocutores. Não é menos verdadeiro, porém, que a qualidade coesiva do texto concorra bastante para que ele seja interpretado como um todo coerente.

Apesar disso, não se devem confundir os dois conceitos ou colocá-los numa espécie de plano sinonímico. Pode haver textos sem elementos que marquem diretamente a coesão, no entanto perfeitamente coerentes para os interlocutores, sendo o contrário também verdadeiro: textos perfeitamente amarrados no plano coesivo, mas que não fazem muito sentido para as pessoas que os interpretam, o que significa o não estabelecimento da coerência.

Em virtude da própria natureza deste trabalho, não é escopo o aprofundamento de conceitos ligados à macrossintaxe ou à coerência textual. O que se pode fazer aqui, com finalidade meramente didática, é propor uma síntese com três tipos de coesão.

11.1. Coesão referencial

Ocorre quando certos elementos do texto se referem a outros componentes através de estratégias de retomada (**anáfora**), indicação (**dêixis**) ou anunciação (**catáfora**).

Exemplos:

(718) "A rápida evolução da linguística, nos últimos cinquenta ou sessenta anos, se fez de acordo com princípios teóricos e

92 Cf. Vogt, 1977.

metodológicos formais, ***que*** propiciaram amplo conhecimento da gramática (fonologia, morfologia e sintaxe), mas não chegaram a dar conta, com igual rigor e coerência, da semântica.

Ao longo d***esse período***, ***que*** corresponde às fases estruturalista e gerativista d***a ciência da linguagem***, ***o estudo do significado*** ficou restrito a algumas tentativas incipientes de integração do semântico ao gramatical." [Maria Helena Duarte Marques]

Fazem-se no trecho acima cinco destaques: *a) que; b) esse período; c) que; d) a ciência da linguagem; e) o estudo do significado.* As relações coesivas que esses elementos estabelecem são todas de feição anafórica, visto tratar-se de estratégias de retomada, conforme se descreve abaixo:

a) ***que***: retoma o SN *princípios teóricos e metodológicos;*

b) ***esse período***: retoma o SPrep. *nos últimos cinquenta ou sessenta anos;*

c) ***que***: retoma o SN *esse período;*

d) ***a ciência da linguagem***: retoma o SN *a linguística;*

e) ***o estudo do significado***: retoma o SN *a semântica.*

(719) "Minha terra tem palmeiras,
Onde canta o Sabiá;
As aves, que ***aqui*** gorjeiam,
Não gorjeiam como ***lá***.

(...)

Não permita Deus que eu morra,
Sem que eu volte para ***lá***;
Sem que desfrute os primores
Que não encontro por ***cá***;
Sem qu'inda aviste as palmeiras,
Onde canta o Sabiá."
[Gonçalves Dias]

Os elementos acima destacados estabelecem **coesão** dêitica e referencial, na medida em que indicam, apontam entidades situadas no âmbito espaço-temporal, referindo-se a elas adverbialmente. Desse modo, constrói-se o plano antitético do poema por intermédio da oposição entre Portugal e Brasil – terra natal do poeta, objeto de elogios e saudades. Na sequência, tem-se o seguinte:

1ª. estrofe, 2º. verso: ***onde****: no Brasil*
1ª. estrofe, 3º. verso: ***aqui****: em Portugal*
1ª. estrofe, 4º. verso: ***lá****: no Brasil*
2ª. estrofe, 2º. verso: ***lá****: no Brasil*
2ª. estrofe, 4º. verso: ***cá****: em Portugal*
2ª. estrofe, último verso: ***onde****: no Brasil*

> (720) Peço ***isto***: *que você não descuide da saúde e procure viver da melhor forma possível, de modo a fazer bem não só a você, mas também às pessoas que o amam.*

No exemplo acima, o pronome demonstrativo ***isto*** estabelece **referência catafórica**, já que anuncia todo o trecho posterior.

11.2. Coesão elíptica[93]

Ocorre quando um componente do texto é retomado por Ø, isto é, um vazio lexical, porém relevante semanticamente. Veja-se o exemplo.

> (721) "Fabiano estremeceu. Ø Chegaria à fazenda noite fechada. Entretido com o diabo do jogo, tonto de aguardente, Ø deixaria o tempo correr. E Ø não levava o querosene, Ø ia-se alumiar durante a semana com pedaços de facheiro. Ø Aprumou-se, disposto a viajar." [Graciliano Ramos]

Note-se que todas as **elipses** ou **zeros lexicais** no exemplo acima são plenos semanticamente: retomam o SN ***Fabiano***, pressuposto pela flexão dos verbos e pela sequência das orações no texto. Trata-se de um mecanismo coesivo que concorre

---

93 Trata-se de uma retomada anafórica por Ø, o que torna possível incluir a elipse também na coesão referencial.

também para o estabelecimento de outro princípio textual: a **concisão**.

11.3. Coesão juntiva

Consiste no uso de elementos de ligação (conectores) para relacionar as várias partes do texto. Estabelecem a coesão juntiva, principalmente, preposições, conjunções, pronomes e operadores lógico-argumentativos:

> (722) João é um menino ***de*** valor ***que*** sabe ***de*** onde veio, ***mas*** não sabe ***para*** onde vai.

Na sentença acima, os elementos destacados estabelecem coesão juntiva expressando as seguintes noções sintático-semânticas:

a) **preposição *de***: subordina o adjunto *de valor* (locução adjetiva) ao núcleo nominal ***menino***;

b) **pronome relativo *que***: estabelece relação anafórica, visto que retoma o sintagma nominal *um menino de valor* (coesão a um só tempo **juntiva** e **referencial**);

c) **preposições *de* e *para***: estabelecem relação de regência, pois encabeçam orações completivas do verbo *saber*;

d) **conjunção *mas***: sequencia o texto através da inserção de uma cláusula coordenada adversativa, que expressa noção de contraponto.

A classe dos operadores lógico-argumentativos, na qual se incluem certas conjunções e advérbios, é particularmente importante na coesão estabelecida em textos de gênero opinativo, já que associam argumentos de caráter diverso. Utilizados em geral a partir do segundo parágrafo, são conectores cuja finalidade é orientar a interpretação para dado caminho.

Alguns dos principais operadores lógico-argumentativos são os seguintes:

a) **mudança de prisma ou perspectiva**: *por outro lado, em contrapartida* etc.

b) **contraposição adversativa**: *todavia, no entanto, entretanto, mas, porém* etc.

c) **contraposição concessiva**: *apesar de, ainda que, embora, mesmo que* etc.

d) **conclusão, inferência**: *desse modo, destarte, assim, logo, portanto, finalmente* etc.

Há também a categoria dos **anguladores da linguagem** (também já referidos neste trabalho), responsáveis por modalizar o discurso a fim de gerar certos efeitos de sentido. Entre esses anguladores, podem-se incluir protetores de face (***parece que***, ***talvez***, ***tudo indica que*** etc.), palavras ou locuções que servem de reforço semântico (***evidentemente***, ***logicamente***, ***é claro*** etc.), palavras e locuções denotativas de retificação ou explicação (***ou seja***, ***ou melhor***, ***a saber*** etc.).

REFERÊNCIAS BIBLIOGRÁFICAS

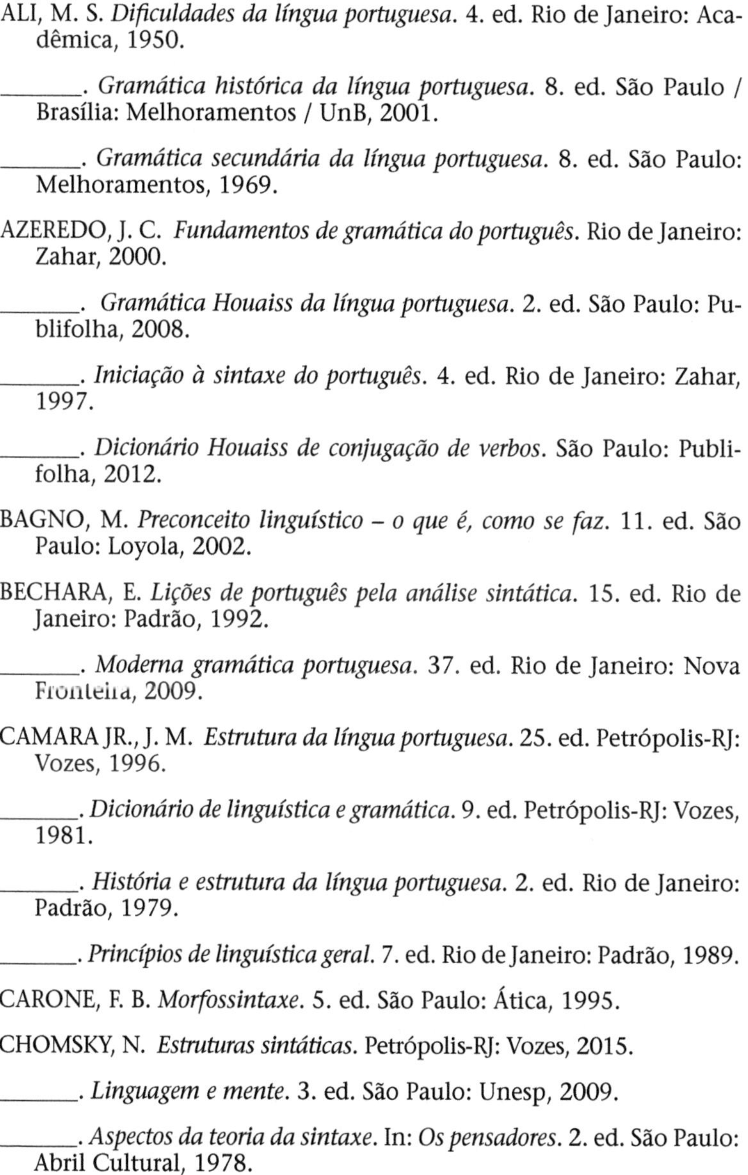

ALI, M. S. *Dificuldades da língua portuguesa*. 4. ed. Rio de Janeiro: Acadêmica, 1950.

______. *Gramática histórica da língua portuguesa*. 8. ed. São Paulo / Brasília: Melhoramentos / UnB, 2001.

______. *Gramática secundária da língua portuguesa*. 8. ed. São Paulo: Melhoramentos, 1969.

AZEREDO, J. C. *Fundamentos de gramática do português*. Rio de Janeiro: Zahar, 2000.

______. *Gramática Houaiss da língua portuguesa*. 2. ed. São Paulo: Publifolha, 2008.

______. *Iniciação à sintaxe do português*. 4. ed. Rio de Janeiro: Zahar, 1997.

______. *Dicionário Houaiss de conjugação de verbos*. São Paulo: Publifolha, 2012.

BAGNO, M. *Preconceito linguístico – o que é, como se faz*. 11. ed. São Paulo: Loyola, 2002.

BECHARA, E. *Lições de português pela análise sintática*. 15. ed. Rio de Janeiro: Padrão, 1992.

______. *Moderna gramática portuguesa*. 37. ed. Rio de Janeiro: Nova Fronteira, 2009.

CAMARA JR., J. M. *Estrutura da língua portuguesa*. 25. ed. Petrópolis-RJ: Vozes, 1996.

______. *Dicionário de linguística e gramática*. 9. ed. Petrópolis-RJ: Vozes, 1981.

______. *História e estrutura da língua portuguesa*. 2. ed. Rio de Janeiro: Padrão, 1979.

______. *Princípios de linguística geral*. 7. ed. Rio de Janeiro: Padrão, 1989.

CARONE, F. B. *Morfossintaxe*. 5. ed. São Paulo: Ática, 1995.

CHOMSKY, N. *Estruturas sintáticas*. Petrópolis-RJ: Vozes, 2015.

______. *Linguagem e mente*. 3. ed. São Paulo: Unesp, 2009.

______. *Aspectos da teoria da sintaxe*. In: *Os pensadores*. 2. ed. São Paulo: Abril Cultural, 1978.

CUNHA, C. *Gramática da língua portuguesa*. 12. ed. Rio de Janeiro: MEC/FAE, 1994.

______. *A questão da norma culta brasileira*. Rio de Janeiro: Tempo Brasileiro, 1985.

______ & CINTRA, L. *Nova gramática do português contemporâneo*. 7. ed. Rio de Janeiro: Lexikon, 2016.

DUBOIS, J. *et alii*. *Dicionário de linguística*. 8. ed. São Paulo: Cultrix, 2001.

FREITAS, H. R. *Princípios de morfologia*. 4. ed. Rio de Janeiro: Oficina do Autor, 1997.

FREUD, S. *Totem e tabu*. Rio de Janeiro: Imago, 1999.

HENRIQUES, C. C. *Nomenclatura gramatical brasileira: 50 anos depois*. São Paulo: Parábola, 2009.

HOUAISS, A. & VILLAR, M. S. *Dicionário Houaiss da língua portuguesa*. Rio de Janeiro: Objetiva, 2001.

INFANTE, U. *Curso de gramática aplicada aos textos*. São Paulo: Scipione, 1995.

KOCH, I. G. V. *A coesão textual*. 7. ed. São Paulo: Contexto, 1997.

KURY, A. G. *Novas lições de análise sintática*. 7. ed. São Paulo: Ática, 1997.

LUFT, C. P. *Moderna gramática brasileira*. 2. ed. São Paulo: Globo, 2002.

MARROQUIM, M. *A língua do Nordeste*. 3. ed. Curitiba: HD Livros, 1996.

MARTINET, A. *Elementos de linguística geral*. Lisboa: Sá da Costa, 1964.

MELO, G. C. *Gramática fundamental da língua portuguesa*. 3. ed. Rio de Janeiro: Ao Livro Técnico, 1980.

OLIVEIRA, H. F. *O correto e o incorreto na linguagem*. Dissertação de Mestrado. Rio de Janeiro: UFRJ, 1974.

OTHERO, G. A. & KENEDY, E (orgs.). *Sintaxe, sintaxes: uma introdução*. São Paulo: Contexto, 2015.

PEIXOTO FILHO, F. V. *Efeitos de contraponto: um estudo sobre a argumentação na linguagem*. Rio de Janeiro: KDP, 2020.

______. *Ensino de gramática na Baixada Fluminense*. Relatório Final. Rio de Janeiro: UFRRJ/FAPERJ, 2012.

______. *A interface sintaxe-prosódia-discurso nas construções relativas em português*. In: *Anais do VIII Congresso da Assel-Rio: Estudos da Linguagem – Renovação e Síntese*. Rio de Janeiro: Assel-Rio / UFRJ, 1999, pp. 753-60.

______. *Concordância verbal na gramática escolar*. Dissertação de Mestrado. Rio de Janeiro: UFRJ, 2001.

PERINI, M. A. *Gramática descritiva do português*. 3. ed. São Paulo: Ática, 1998.

REIS, O. *Breviário da conjugação de verbos*. 54. ed. Belo Horizonte: Villa Rica, 2001.

ROCHA LIMA, C. H. *Gramática normativa da língua portuguesa*. 32. ed. Rio de Janeiro: José Olympio, 1994.

RODRIGUES, V. V. *Correlação*. In: VIEIRA, S. R. & BRANDÃO, S. F. *Ensino de gramática – descrição e uso*. 2. ed. São Paulo: Contexto, 2011.

SACCONI, L. A. *Nossa gramática – teoria e prática*. 19. ed. São Paulo: Atual, 1994.

SAUSSURE, F. *Curso de linguística geral*. 20. ed. São Paulo: Cultrix, 1995.

SCHERRE, M. M. P. *Doa-se lindos filhotes de poodle: variação linguística, mídia e preconceito*. São Paulo: Parábola, 2005.

SILVA NETO, S. *História da língua portuguesa*. 3. ed. Rio de Janeiro: Presença, 1979.

______. "Prefácio à gramática normativa da língua portuguesa". In: ROCHA LIMA, C. H. *Gramática normativa da língua portuguesa*. 32. ed. Rio de Janeiro: José Olympio, 1994.

SOUZA E SILVA, M. C. P. & KOCH, I. V. *Linguística aplicada ao português: morfologia*. 8. ed. São Paulo: Cortez, 1995.

VILELA, M. & KOCH, I. V. *Gramática da língua portuguesa*. Coimbra: Almedina, 2001.

VOGT, C. *O intervalo semântico*. São Paulo: Ática, 1977.

WILLIAMS, E. B. *Do latim ao português*. 6. ed. Rio de Janeiro: Tempo Brasileiro, 1994.

FERNANDO VIEIRA PEIXOTO FILHO é Mestre e Doutor em Letras Vernáculas (Língua Portuguesa) pela UFRJ. Professor Associado da Universidade Federal Rural do Rio de Janeiro (*Campus* Nova Iguaçu), foi Chefe do Departamento de Letras (IM-UFRRJ) no biênio 2013-2015. Atualmente leciona as disciplinas *Morfossintaxe da Língua Portuguesa* e *Sintaxe da Língua Portuguesa*, além de liderar o *Grupo Multidisciplinar de Investigações Linguísticas* (GMIL-UFRRJ-UERJ-CNPq), onde atua nas linhas de pesquisa *Ensino de Gramática* e *Sintaxe do Português*. É autor dos e-books *Filipenses 2-3: Contos & Crônicas* (2019) e *Efeitos de Contraponto: Um Estudo sobre a Argumentação na Linguagem* (2020).